水素エネルギーが一番わかる

「脱炭素」だけじゃない！
未来を拓くマルチ燃料の基礎知識

白石 拓 著

技術評論社

賢者の燈。どこか神秘的ですが、錬金術師たちがそう呼んだ光の正体は、水素ガスの燃焼による炎でした。

イギリスの科学者マイケル・ファラデー（1791-1867）が行った「クリスマス講演」の講義録の1つ、不朽の名著として名高い『ロウソクの科学』の中で、ファラデーは次のように説明しています。

「〈賢者の燈〉と錬金術師たちが呼んだ装置（は）薬びんの中に亜鉛の小片とうすい酸が入れてある。気体が発生し、点火すると弱い炎をあげて燃える」（『ロウソクの科学』竹内敬人訳、岩波文庫より引用）。

つまり、その昔化学者であった錬金術師は金属と酸の反応で燃える気体が発生することを発見し、最先端の科学知識を持つ者でないと灯せない青白い炎を「賢者の燈」と呼んだのでしょう。

翻って現代。水素は次世代エネルギーを担う元素として、世界の関心が高まっています。その中でも日本は水素エネルギーの研究開発においてトップを走ってきましたが、ここにきて、欧州が水素に対して本気モードに入っています。その表れの1つが「欧州水素銀行」の設立です。

欧州水素銀行（European Hydrogen Bank：EHB）は、2023年2月にEU（欧州連合）が設立を発表した、グリーン水素の本格的な普及を後押しするための機関です。グリーン水素とは、再生可能エネルギー由来の電力で水を電気分解して得られる水素のことです。すなわち、EHBはカーボンニュートラル（温室効果ガスを排出しないこと）を達成するための施策の1つなのです。具体的には、現状では割高なグリーン水素と、天然ガスや石炭などの化石燃料由来の安価な水素との差額を補填します。

このように、燃やしても二酸化炭素を発生しない水素は、かねてよりカーボンニュートラルの観点から注目を集めてきました。それが2022年のロシアによるウクライナ侵攻以後、エネルギー安全保障の面からも重視されるようになりました。なにしろ、化石燃料の輸入に頼らずとも、電力さえあれば地球上に無尽蔵にある水からいくらでも水素をつくれるのですから。

熱源、動力源、電力源にも利活用できる水素。この「賢者のエネルギー」をめぐる国際競争は、今後ますます過熱していくことでしょう。

白石 拓

水素エネルギーが一番わかる
──「脱炭素」だけじゃない！ 未来を拓くマルチ燃料の基礎知識──

目次

水素の燃焼エネルギー⋯⋯⋯⋯⋯47

水素イオンが運ぶ電気エネルギー⋯⋯⋯⋯⋯95

コラム｜目次

◆本書ではこんな疑問も解決できます◆

水素はほかの元素にはない多くの特性を持つ希有なエネルギーキャリアです。
水素に関する次のような疑問も、本書を読めば解決できます。

疑　　問	本書のページ
水素の沸点や融点はなぜ超低温なのですか？	p20
固体水素と金属水素は同じものですか？	p20
マイナス電荷を持つ水素イオンがあるのですか？	p34
オルト水素、パラ水素とは何ですか？	p40
引火点と発火点は何が違うのですか？	p52
水素が爆発的に燃焼するのはなぜですか？	p57
燃焼速度と火炎伝播速度の違いは何ですか？	p58
福島第一原子力発電所で水素爆発が起こったのはなぜですか？	p64
昔、水素が都市ガスとして燃やされていたのは本当ですか？	p64
コンバインドサイクル発電とコジェネレーションは違うものですか？	p90
燃料電池はなぜ電気分解の逆反応を起こせるのですか？	p110
燃料電池にも種類がありますが、何が違うのですか？	p112～119
化学反応と核反応は何が違うのですか？	p130
核融合発電では、水素ではなく重水素と三重水素を燃料にするのはなぜですか？	p134
ITERではなぜ温度を1億℃にも上げるのですか？	p136
プラズマは気体ですか？	p136
凝集系核反応は常温核融合ですか？	p144
水素吸蔵合金はなぜ液化水素より多量の水素を貯蔵できるのですか？	p166
水素ガスをタンクに詰めるとき、プレクール（予冷）するのはなぜですか？	p162、170
断熱膨張で水素ガスの温度が上昇するジュール・トムソン効果って何ですか？	p170

第 1 章

水素の
基本的な性質

水素は、燃やしてよし、電池に利用してよし、
さらには、核融合の燃料にしてもよしの、
まさに万能のエネルギー源です。
その秘密は水素原子ならではの特別な構造に隠されています。
本章では、エネルギーキャリアとしての水素を理解するために、
水素原子を素粒子にまで分解して紹介します。
あなたの知らなかった「水素」がきっとあるはずです。

1 -1 奇跡のエネルギーキャリア

　水素はエネルギーキャリアとして、人類にとって非常に有益な元素です。**エネルギーキャリア**とは「エネルギーを貯蔵・輸送する物質」のこと。石油や石炭、メタンガスもエネルギーキャリアであり、その中でもとくに水素は最も多様な形態のエネルギーを運ぶことができる希有な存在です。

　たとえば、水素を燃焼させると熱エネルギーや運動エネルギーを生みます。また、二次電池（蓄電池）や燃料電池では水素イオンが電気エネルギーを運びます。さらに水素やその同位体〈→p130〉は核融合反応の原料となります〈図1-1-1〉。しかも特筆すべきは、水素を燃焼させても生成されるのは水だけで、嫌われ者の温室効果ガスである二酸化炭素をいっさい排出しないことです。こうした性質を持つ水素はもはや奇跡のエネルギーキャリアといっても過言ではありません。

　さて、このような水素の特徴は、水素原子の構造と密接に関係していますので、まずは水素の基本的知識を確認しておきましょう。

●周期表の先頭を飾る元素

　よく知られているように、水素（H）は元素の周期表において第1番目に記載されている元素です。ここでは周期表を掲載しませんが、周期表は元素を原子番号順に並べたもので、**原子番号**は原子核を構成する陽子の個数を表します。したがって、原子番号1の水素の原子核を構成する陽子は1つということになります。それに、水素の原子核はあらゆる元素の中で唯一中性子を持っていません。ということはつまり、水素原子核は陽子1つのみからなるのです。

　原子核を構成する陽子と中性子を**核子**といい、核子の個数を**質量数**といいます。というのは、電子の質量は非常に小さいので無視すると、核子の合計質量が原子の質量となるからです。そして、陽子と中性子の質量がほぼ同じであるため、陽子または中性子1個の質量を基本質量と考えれば、原子の質量は基本質量に核子の個数をかけたものになるので、核子の個数を質量の代

用としているのです。水素の質量数は1で、あらゆる元素の中でも最も軽い元素になります。

　水素に続く、原子番号2の元素はヘリウムです。ヘリウムの原子核は陽子2個と中性子2個からなりますので、ヘリウムの質量数は4になります。図1-1-2に水素とヘリウムの元素記号（原子記号）と原子番号、質量数の表記方法を示しました。

図1-1-1　多様なエネルギーを運ぶ水素

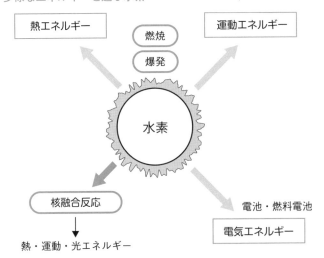

水素は石油や石炭、太陽光や風力に比べて、多彩な形態のエネルギーを運ぶ希有なエネルギーキャリアである。

図1-1-2　水素原子とヘリウム原子の表記法

元素記号（原子記号）の左上に質量数、左下に原子番号を書く。質量数は核子（陽子と中性子）の合計個数。原子番号2のヘリウム原子核の核子は4個なので、質量数は4となる。

●陽子と電子の電荷

　原子を構成する原子核と電子は、電気力（**クーロン力**）で引き合っています。原子核中の陽子はプラスの電荷を持っており、電子はマイナスの電荷を持っているため、両者が引き合うのです。中性子は電荷を持っていません。

　陽子の電荷と電子の電荷の絶対値は同じで、これを**電気素量**または**素電荷**といい、アルファベットのeで表します。eは電気素量の英語訳である「elementary charge」の頭文字からとったものであり、e ≒ 1.602×10^{-19}（C）になります。電気量の単位Cは「クーロン」と読み、1A（アンペア）の電流が1秒間に運ぶ電気量が1Cです。単位クーロンおよびクーロン力という名称は、フランスの物理学者シャルル・ド・クーロン（1736-1806）にちなみます。

　一般に、電気量はこの電気素量の正または負の整数倍になります。そのため、原子核やイオンが帯びている電荷を表現するのに、電気素量を基準にし、eを省いて「+1」や「-1」などと表記します。ただし、素粒子の電荷は整数倍ではなく分数になります〈➡p18〉。

●水素原子の構造

　図1-1-3に水素原子の構造を示しました。水素の原子核は陽子1個からなるので電荷は+1、それと電気的につり合う形で**原子軌道**（または電子軌道ともいう）に-1の電荷を持つ電子1個が存在します。

　こうした単純な構造を持つ水素原子は、前述のように、最も軽い原子ですが、原子の大きさ（原子半径）はヘリウムに次いで2番目の小ささになります。なぜなら、ヘリウム原子は水素の原子軌道と同じ軌道上に2個の電子を持ち、原子核（+2）と強く引き合っているため、水素原子より原子半径が縮まっているからです。

　いずれにしても、軽くて小さいという特徴は水素原子のさまざまな挙動に関係しています。たとえば、一般に水素ガスは危険だと思われがちですが、他の可燃性ガスに比べて安全であるともいえます〈➡p52〉。

　というのは、水素分子は軽くて小さいため、万一漏れても空気中に拡散するスピードが速く、またプロパンガスやブタンガスのように地面付近にたまることがないからです。したがって、開放空間で水素が爆発することはほと

んどありません。表1-1-1に、主な可燃性ガスの比重と空気中での拡散速度を示しました。

図1-1-3　水素原子とヘリウム原子の構造

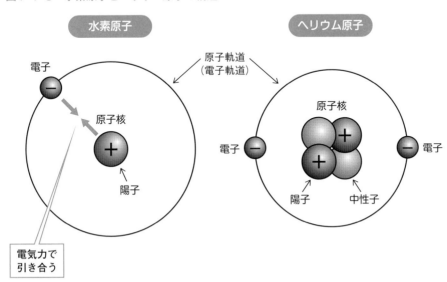

原子核の陽子と電子の電気量は等しく、電気力で引き合っている。
中性子は電気的に「中性」である。ヘリウム原子の原子半径は水素より小さい。

表1-1-1　可燃性ガスの比重

ガス	水素	アセチレン	メタン	プロパン	ブタン
比重 （空気=1）	0.07	0.91	0.55	1.56	2.08

ガス	ガソリン（蒸気）	都市ガス	LPG	天然ガス
比重 （空気=1）	3～4	0.55～0.66	1.5～2.0	0.65

※標準状態（0℃、1気圧）における、空気に対する比重。ガソリンや都市ガス、LPG、天然ガスは製品によって比重が異なる。LPG＝Liquefied Petroleum Gas（液化石油ガス）
理科年表、東京ガス等の資料をもとに作成

水素ガスの比重は他のガスに比べて非常に小さく、そのため漏洩しても地上付近に停滞することがなく、すばやく拡散する。ただし、密閉した室内では天井付近にたまる。

宇宙で「いちばん」の元素

　エネルギーキャリアとしての水素の利点として、資源量が無尽蔵であることも忘れてはなりません。エネルギー資源小国の日本にとって、これは非常に重要な点です。そもそも、水素は宇宙で最初に誕生し、現在も宇宙に最も多く存在する元素でもあります。

●水素は宇宙で「いちばん」最初に生まれた元素

　現在の宇宙論によると、この宇宙はおよそ138億年前に誕生し、大爆発（ビッグバン）を起こしました。そのときの宇宙は想像を絶する超高温・超高密度の状態でエネルギーだけが存在していましたが、膨張して冷えていく過程でクォークや電子などの素粒子〈➡p18〉が生まれ、次いでクォークが結合して陽子や中性子が誕生しました。そして、陽子と中性子が合体してヘリウムの原子核などができました〈図1-2-1〉。

　当時の宇宙は原子核と電子がそれぞれバラバラに飛び交っており、このような状態をプラズマ〈➡p136〉と呼びます。しかし、宇宙がますます冷えると、やがて原子核（の陽子）と電子が電気力によってカップルになり、原子が誕生しました。このとき生まれた原子が水素やヘリウム（とわずかなリチウム、ベリリウム）などです。なお、ヘリウムより原子番号の大きな重い元素のほとんどは、恒星内部で起こる核融合反応や超新星爆発（太陽より8倍以上重い恒星が寿命の最期に起こす大爆発）によって合成されました。

●宇宙で「いちばん」多い元素は水素

　宇宙で「いちばん」最初に誕生した元素である水素は、現在でも宇宙で「いちばん」多い元素でもあります。宇宙に存在する元素の割合は、水素が70.7%、ヘリウムが27.4%で、宇宙初期に誕生した両元素で98%以上を占めています〈図1-2-2〉。

　ただし、この割合は元素の総質量で比較した質量パーセントであり、原子数での比較となると、質量の軽い水素の割合がもっと大きくなります。すな

わち、水素が93.4％を占め、ヘリウムが6.5％になり、両者で99.9％にもなります。これらのことから、宇宙はほぼ水素とヘリウムから成り立っているといえます。

図1-2-1　宇宙の始まりと元素の誕生

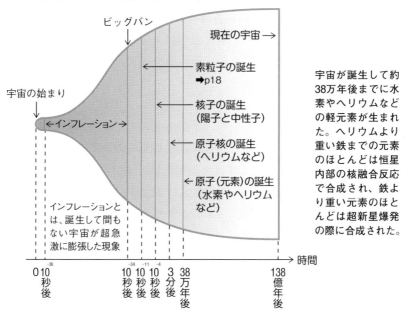

宇宙が誕生して約38万年後までに水素やヘリウムなどの軽元素が生まれた。ヘリウムより重い鉄までの元素のほとんどは恒星内部の核融合反応で合成され、鉄より重い元素のほとんどは超新星爆発の際に合成された。

図1-2-2　宇宙の元素組成

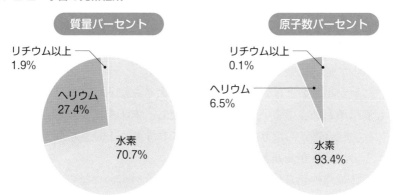

宇宙に存在するあらゆる元素のうち、質量では水素が約7割を占める。水素は軽いため、同じ質量でも原子の数が多くなり、宇宙全体の原子数の約93.4％を占める。

15

もっとも、以上は元素つまり通常の物質における存在比であって、じつは宇宙には正体不明の物質**ダークマター**（暗黒物質）が大量に存在すると考えられており、その量は元素の5倍以上といわれています。さらに、宇宙の全成分における割合でいえば、これまた正体が不明である**ダークエネルギー**（暗黒エネルギー）が7割近い68.3％を占めており、ダークマターが26.8％、元素はわずか4.9％に過ぎないと推定されているのです〈図1-2-3〉。

　しかし、いずれにせよ、宇宙で水素が手に入ることは確かですので、これからの宇宙時代において朗報であるに違いありません。

●地球の水素量

　では、我が地球にはどれくらいの水素があるのでしょうか。それも、エネルギー資源として利用できる地表付近にはどれくらいあるのでしょうか。それを示したものがクラーク数と呼ばれる推定値です〈図1-2-4〉。**クラーク数**とは、地下16kmまでの岩石層と海水および大気中に存在する元素の存在度を質量パーセントで表したものです。「クラーク」は、アメリカの地球化学者フランク・W・クラーク（1847-1931）にちなみます。

　図1-2-4より、水素の割合がかなり小さいことがわかります。宇宙ではいちばん多い元素なのに、なぜ地球では少ないかというと、水素やヘリウムなどの軽元素は地球ができた後に気体として抜けていったからです。そして、地表に残った水素は分子（H_2）としてではなく、ほとんどが化合物として存在しています。その典型例が水（H_2O）ですが、生物の体をつくる有機物にも水素原子が含まれています。

　水素とは逆に、酸素の元素量が多いのは、酸素は多くの元素と酸化物（固体）をつくって地球に残ったからです。

　クラーク数が小さいとはいえ、海水量の莫大さを思えば、地球表面での水素資源も無尽蔵といってよいでしょう。ただし、水素をエネルギーとして利用するには、化合物から取り出して水素分子にするなどひと手間が必要になるので、そのコストが問題となります。

　なお、固体地球の元素量は海水や大気中とは比べものにならないほど多いので、地球全体の元素組成はクラーク数とは異なった割合になります。質量パーセントの大きい順に、鉄（34.6％）、酸素（29.5％）、ケイ素（15.2％）、マグ

ネシウム（12.7％）、ニッケル（2.4％）、硫黄（1.9％）、カルシウム（1.1％）、アルミニウム（1.1％）となっており、水素は0.83％に過ぎません。ただ、2021年に発表された研究では、地球の中心部に大量の水素が存在する可能性も示唆^{し さ}されています。

図1-2-3　宇宙の成分組成

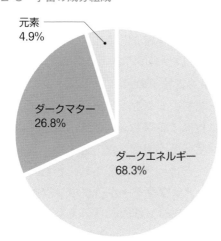

ダークマターとダークエネルギーを加えると95.1％。宇宙のほとんどが謎の成分で構成されており、人類は宇宙のことをまったく知らないといえる。なお、成分組成でエネルギーと物質を同列で比較しているのは、アインシュタインによれば物質の質量とエネルギーは変換可能だからである。

図1-2-4　地球表面の元素組成（クラーク数）

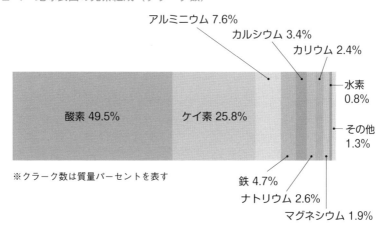

※クラーク数は質量パーセントを表す

地球表面に存在する水素の割合は1％に満たないほど小さいが、母数が膨大なので、実質無尽蔵にあるといえる。ただし、そのほとんどは水（H_2O）のように化合物の要素として存在している。

1-3 核子を構成する素粒子

　素粒子とはそれ以上分解できない根源粒子をいいます。陽子や中性子も内部構造を持ち、素粒子で構成されています。素粒子は、物質をつくる粒子とその仲間、力を伝える粒子、粒子（物質）に質量を与える粒子の3種類に大別されます。ここでは物質をつくる素粒子を紹介します。

　物質をつくる素粒子には**クォーク**と**レプトン**があり、それぞれ3世代6種類の粒子があります〈図1-3-1〉。電子も素粒子の1つで、レプトンに属します。クォークは動物の「鳴き声」を表す語で、レプトンはギリシア語で「軽い」という意味です。事実、クォークに比べてレプトンは非常に軽く、ニュートリノは質量がゼロかどうかが長い間ずっと不明でした。その後、日本の研究によりニュートリノに質量があることがはっきり確認されました。

　実際に物質をつくるのは第1世代の**アップクォーク**、**ダウンクォーク**と電子に限られています。なぜ素粒子に3世代があるのかはいまも謎ですが、同じ世代に属する粒子は、互いに容易に転換することが知られています。

●陽子と中性子を構成する素粒子

　水素の原子核である陽子はアップクォーク（u）2つとダウンクォーク（d）1つで構成されています。一方、中性子はアップクォーク1つとダウンクォーク2つからなります〈図1-3-2〉。このように、クォーク3つからなる粒子を**バリオン**といいます。多数の種類があり、第2世代と第3世代のクォークが構成する粒子もあります。しかし、核子を除くバリオンはどれも不安定で通常の物質をつくれず、また実験で生成してもすぐに崩壊してしまいます。

　アップクォークは$+2/3$、ダウンクォークは$-1/3$の電荷を持っており、バリオンの電荷は構成するクォークの電荷の合計になります。クォークの電荷が分数になっているのは電子の電荷を-1としているからです。バリオンである核子の電荷を求めると、陽子（uud）$=2/3+2/3-1/3=1$、中性子（udd）$=2/3-1/3-1/3=0$。陽子の電荷は$+1$、中性子の電荷は0ということがこの計算でわかります。

図1-3-1 クォークとレプトン

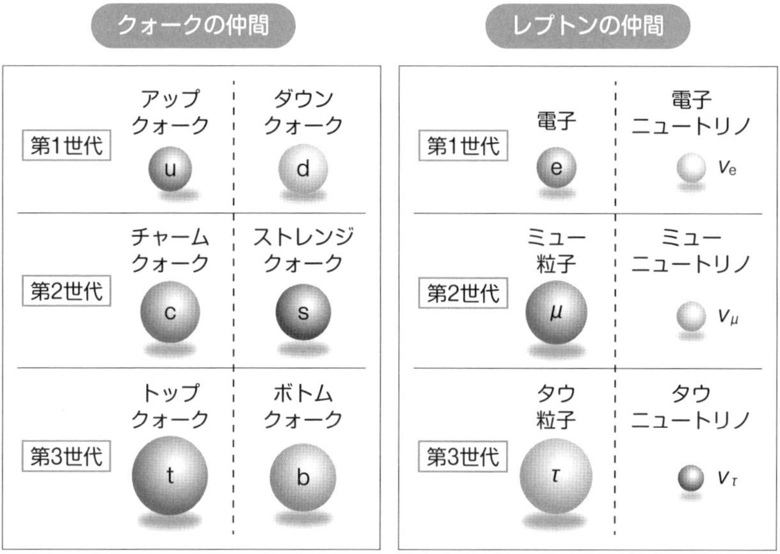

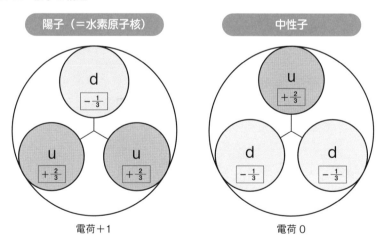

クォークの仲間

	アップ クォーク	ダウン クォーク
第1世代	u	d
第2世代	チャーム クォーク c	ストレンジ クォーク s
第3世代	トップ クォーク t	ボトム クォーク b

レプトンの仲間

	電子	電子 ニュートリノ
第1世代	e	ν_e
第2世代	ミュー 粒子 μ	ミュー ニュートリノ ν_μ
第3世代	タウ 粒子 τ	タウ ニュートリノ ν_τ

それぞれ3世代6種類あるクォークとレプトンのうち、原子をつくるのは第1世代のアップクォークとダウンクォーク、電子の3つのみ。同一世代のクォークあるいはレプトンのカップルは容易に転換する。

図1-3-2 核子の構造

陽子（＝水素原子核）

d $-\frac{1}{3}$ / u $+\frac{2}{3}$ / u $+\frac{2}{3}$

電荷＋1

中性子

u $+\frac{2}{3}$ / d $-\frac{1}{3}$ / d $-\frac{1}{3}$

電荷 0

陽子はアップクォーク2つとダウンクォーク1つからなり、中性子はアップクォーク1つとダウンクォーク2つからなる。核子の電荷は、クォークの電荷を足し合わせることで求まる。

19

　周知のとおり、液体の水を冷やすと0℃で固体の氷になり、温めると100℃で気体の水蒸気になります。このように1つの物質がとる固体・液体・気体の3つの状態を**三態**といい、状態が変化することを**状態変化（相変化）**といいます。なお、物質の状態にはほかにプラズマがあります。**プラズマ**とは、原子核と電子がバラバラになった状態をいいます〈➡p136〉。

　では、水素（H_2）はどうでしょうか。水素は常温常圧で無色無臭の気体として存在していますが、水と同様、冷やすと液体になりさらに固体にもなります。しかし、状態変化の条件が水とはかなり異なります。

　図1-4-1は、水素が圧力と温度の変化でどのような状態になるかを示した**状態図（相図）**です。水素は常圧下では−252.87℃の極低温で液体になり、−259.14℃で固体になります。このように沸点・融点（凝固点）が極めて低いのは、分子量の小さい水素分子はごく弱いファンデルワールス力しか発揮できないからです。**ファンデルワールス力**は、電荷を持たず、分子内に電気的偏りがない分子どうしにはたらく引力です。分子は熱運動をしており、温度が上昇すると熱運動が激しくなるためにファンデルワールス力を振り切って、固体から液体さらに気体へと状態が変化します。

●夢の金属水素がついにできたか

　科学者たちが長年追い求めているものに金属水素があります。**金属水素**は上記の固体水素とはまったくの別物で、水素原子（分子ではない）が金属結合で結びつき、金属光沢があり電気を通します。固体水素は電気を通しません。**金属結合**では多数の原子が電子を共有することで結合します〈➡p28〉。

　金属水素は1935年に存在が予言され、その後常温で超伝導を示す可能性がわかり、探索競争に拍車がかかりました。**超伝導**とは電気抵抗が0になる現象ですが、そのためには超伝導材料を極低温にする必要があり、建設中のJRの超伝導リニアモーターカーは−269℃に冷却しています。

　金属水素を生成したとの報告は過去何度もなされ、直近では2019年にフ

ランスのチームが成功したと発表しました。しかし検証はまだこれからです。金属水素の生成が難しいのは400万気圧以上のとてつもなく巨大な圧力で水素を圧縮する必要があるからですが、いったん金属になった水素は常温常圧でももとに戻らないとされています。金属水素はロケット燃料〈➡p92〉や水素の貯蔵にも利用できると考えられています。

図1-4-1　水素の状態図（温度-圧力線図）

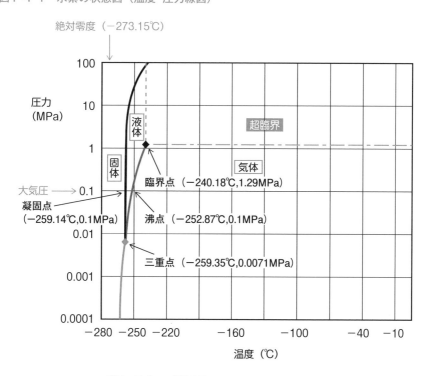

※縦軸の目盛りは対数表示
0.1MPa（メガ・パスカル）≒1気圧
• 三重点……固体・液体・気体が共存する状態
• 沸　点……（大気圧の下で）液体が気体に変わる温度
• 凝固点……（大気圧の下で）液体が固体に変わる温度
• 臨界点……気体⇄液体の状態変化が起こる上限
• 超臨界……気体と液体の区別がつかない状態

状態変化にかかわるファンデルワールス力の要因とされる「ゆらぎ（量子ゆらぎ）」とは、この場合、電荷の偏りがない分子（非極性分子）でもごく短い時間には偏りが現れる量子力学的現象である。

1-5 原子核と電子とイオン

　原子または原子団（原子の集団）が正・負の電荷を帯びたものを**イオン**といいます。持ち運びに便利でいつでもどこでも電気を取り出せる**化学電池**では、イオンが重要な役割を担っています。化学電池とは、乾電池やリチウムイオン電池のように、化学反応によって電気をつくる電池のことです。水素イオンを利用した化学電池も多数ありますが、水素イオンが決定的なはたらきをするのは**燃料電池**です。燃料電池の詳細についてはp108で紹介します。

　ある原子が**陽イオン**（**正イオン**ともいう）になりやすいのか、なりにくいのか、あるいは**陰イオン**（**負イオン**ともいう）になりやすいのか、なりにくいのかを知る指標に、イオン化エネルギーと電子親和力があります。

●イオン化エネルギーが小さい原子ほど陽イオンになりやすい

　原子が持つ電子のうち、イオンに関係するものはいちばん外側（最外殻）の原子軌道にあります。電気的に中性な原子の最外殻原子軌道上の電子を1個取り去ると、原子は1価の陽イオンになります。ただし、電子を取り去るためには外部からエネルギーを与える必要があり、そのエネルギーを**イオン化エネルギー**といいます。したがって、イオン化エネルギーが小さい原子ほど、陽イオンになりやすいといえます〈図1-5-1〉。

　電子1個を取り去るのに必要なエネルギーを第1イオン化エネルギー、さらに2個めの電子を取り去るエネルギーを第2イオン化エネルギー、3個めを第3イオン化エネルギー……といいます。通常、単にイオン化エネルギーといった場合は第1イオン化エネルギーを指しますが、もちろん水素原子には電子が1個しかありませんので、深く考える必要はありません。

●電子親和力が大きい原子ほど陰イオンになりやすい

　一方、最外殻の原子軌道に外部から電子を1個取り込むと、その原子は1価の陰イオンになり、そのとき余分なエネルギーが放出されます。イオン化エネルギーが「陽イオンになりやすさ」を表すのに対して、「陰イオンになり

やすさ」を表すのがこの放出エネルギーで**電子親和力**といいます。「力」となっていますが、エネルギーを表します。イオン化エネルギーとは逆に、電子親和力が大きい原子ほど陰イオンになりやすいといえます〈図1-5-2〉。

図1-5-1 （第1）イオン化エネルギー

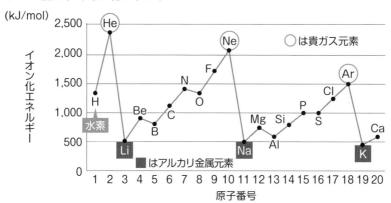

原子番号1〜20の元素におけるイオン化エネルギー。1価の陽イオンになりやすいのが第1族元素（アルカリ金属元素）。貴ガス（希ガス、不活性ガス）元素は最外殻の原子軌道が電子で埋まって安定しているため、陽イオンにも陰イオンにもなりにくい（図1-5-2）。水素のイオン化エネルギー（1,312kJ/mol）はリチウム（Li）やナトリウム（Na）と比べて2倍以上大きく陽イオンになりにくい。単位のkJ/molは「キロジュール毎モル」と読む。

図1-5-2 電子親和力

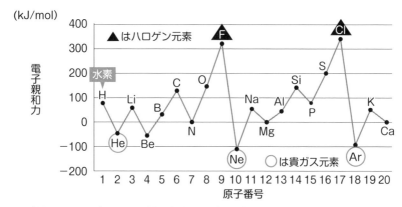

原子番号1〜20の元素における電子親和力。1価の陰イオンになりやすいのが第17族元素（ハロゲン元素）。そもそも陰イオンになりやすい元素は少ない。水素の電子親和力は72.7kJ/mol。マイナスの値は外部からエネルギーを吸収しないと陰イオンになれないことを表している。

2個め、3個めの電子を取り込むときのエネルギーを、イオン化エネルギーと同様、第2電子親和力、第3電子親和力……といいますが、第1電子親和力という表現は一般的ではありません。

　ところで、イオン化エネルギーと電子親和力は、電子を取り去るか電子を取り込むかの違いなので、表裏一体の関係にあります。そうであれば、同じ原子・イオンでは両者の値〈図1-5-1、図1-5-2〉が同じになるはずですが、そうはなっていません。同じ値になるのは、原子から電子を取り去るときに必要なエネルギー（イオン化エネルギー）と、その原子のイオンが電子を取り込むときに放出するエネルギーです〈図1-5-3〉。

●水素の電気陰性度

　原子・イオン・電子の関係を示すもう1つの指標に**電気陰性度**があります。電気陰性度は分子内の原子が電子を引きつける強さを表しますが、測定値ではなく相対値であり、無次元量で単位はありません。「陰性」とは「マイナス」のことです。

　電気陰性度の算出方法にはいくつかあり、現在もまだ研究されているテーマです。有名なところでは、ライナス・ポーリング（1901-94）が提唱した「ポーリングの電気陰性度」、ロバート・マリケン（1896-1986）が提唱した「マリケンの電気陰性度」、そしてアルバート・オールレッド（1931-）とユージーン・ロコウ（1909-2002）の2人が提唱した「オールレッド・ロコウの電気陰性度」があります。4人はすべてアメリカの化学者で、最初に電気陰性度を提唱したのはポーリングでした。

　3種類の算出方法を簡単にいうと、ポーリングの電気陰性度は原子の結合エネルギーをもとにし、マリケンの結合エネルギーはイオン化エネルギーと電子親和力の平均値から定義されています。また、オールレッド・ロコウの電気陰性度は有効核電荷と原子の結合半径から算出されています。ほかにも、さまざまな観点から電気陰性度が提案されていますが、教科書ではポーリングもしくはオールレッド・ロコウの数値が多く使われているようです。なお、有効核電荷とは、最外殻電子（もしくは注目する電子）が感じる原子核の電荷のことをいいます。

　図1-5-4は各種電気陰性度を平均した数値をプロットしたものです。2種

類の元素の電気陰性度を比較することで、両者が結合するときどのような結合方式をとるかを判定することができます〈➡ p26〉。

図1-5-3　イオン化エネルギーと電子親和力のエネルギー図

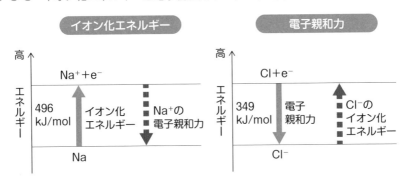

同一原子のイオン化エネルギーと電子親和力は異なる大きさである。Na（ナトリウム原子）のイオン化エネルギーと同じなのはNa⁺（ナトリウムイオン）の電子親和力。同様に、Cl（塩素原子）の電子親和力とCl⁻（塩化物イオン）のイオン化エネルギーは同じ大きさになる。

図1-5-4　電気陰性度

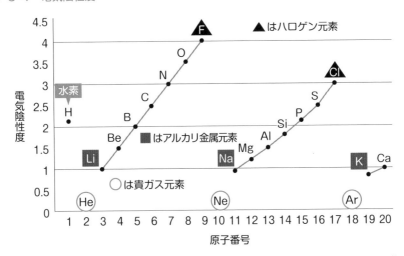

原子番号1〜20の元素における電気陰性度。陰性度が高く電子を強く引きつけるのは第17族元素（ハロゲン元素）で、陰性度が低いのは第1族元素（アルカリ金属元素）。貴ガスは化合物をつくらないので、値が与えられていない。水素は第1族元素の中では2倍程度高く電子を引きつける力が強い。

　原子が集まって集団をつくる結合を**化学結合**といい、電子を媒介にして結合します。化学結合は、イオン結合、共有結合、金属結合の3種類に大別され、物質の性質の違いは、この化学結合の種類によるところが大きいといえます。結合力の強さは、共有結合＞イオン結合＞金属結合＞（ファンデルワールス力➡p20）になります。原子・イオンがどのような結合方式をとるのかは、電気陰性度から判定できます。

●金属元素と非金属元素はイオン結合する

　イオン結合とは、電子の授受によって生じた陽イオンと陰イオンがクーロン力〈➡p12〉で引き合う結合方式です。2つの元素において電気陰性度〈➡p24〉の差が大きいほどイオン結合で結びつきます。というのは、電気陰性度は電子を引きつける強さを表すので、片方が相手の電子を強く引きつけてマイナスの電荷を帯び、電子を奪われたほうはプラスの電荷を帯びて、結果的に両者がイオン結合するからです。

　一般に、イオン結合するのは金属元素と非金属元素の組み合わせの場合です。ただし、アンモニウムイオン（NH_4^+）は例外で、非金属陽イオンでありながら塩化物イオン（Cl^-）などの非金属元素の陰イオンとイオン結合します。図1-6-1は塩化ナトリウム（NaCl）のイオン結合例です。

　では、塩化水素（HCl）はイオン結合でしょうか。塩化水素は水に溶けると水素イオン（H^+）と塩化物イオン（Cl^-）に電離しますので、両者はイオン結合すると思いがちです。しかしHClは次に紹介する共有結合で結びつきます。

　なお、表1-6-1に、異種元素間における電気陰性度の差と、その場合の結合のしかたを示しました。p25の電気陰性度のグラフ〈図1-5-4〉より、水素と塩素の電気陰性度の差はおよそ1.0なので、表1-6-1より、塩化水素はイオン結合性が22％、共有結合性が78％であり、すなわち共有結合優勢で結びつくと判定できます。

図1-6-1　イオン結合の例

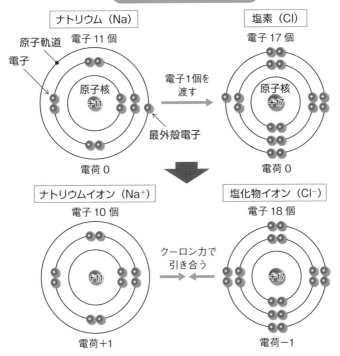

電気陰性度は、Na＜Clなので、Naが電子を放してNa⁺に、Clが電子を受け取ってCl⁻になり、Na⁺とCl⁻がイオン結合する。金属結合と同様にイオン結合でできた結晶は延々と連なり分子にはならない。

表1-6-1　異種元素間における電気陰性度の差と結合のしかた

元素間の電気陰性度の差	結合モード	
	イオン結合性 (%)	共有結合性 (%)
0	0	100
0.5	6	94
1.0	22	78
1.5	43	57
2.0	63	37
2.5	79	21
3.0	89	11
3.1	91	9
3.2	92	8

電気陰性度の数値は相対値で無次元量。電気陰性度の差の違いで化学結合のしかたが異なる。差が大きい元素間ではイオン結合、差が小さい元素間では共有結合が優勢になる。100％共有結合になるのは単体の気体分子などの場合のみ。

「電気陰性度」神谷光治/大阪電気通信大学よりデータを引用

●非金属元素どうしは共有結合する

　共有結合は、電気陰性度にあまり差がない元素どうしが、それぞれの最外殻電子を共有することで結合する方式です。両者の電子を引きつける力が同じくらいなので、どちらも電子を譲らないためにお互いの電子を共有して結びつくのです。2つ（一対）の電子で1本の共有結合ができるので、電子対結合ともいいます。共有結合では、共有電子がどちらに属するということはありません〈図1-6-2〉。

　一般に、非金属元素どうしの結びつきは共有結合になります。先ほど述べた塩化水素も水素イオンと塩化物イオンが共有結合します。紛らわしいですが、水素イオンを生じる物質の結びつきは共有結合なのです。水分子（H_2O）も水素原子と酸素原子の共有結合です〈➡p30〉。

　もっとも、ここまでの説明でわかるように、異種元素が結合する場合100％共有結合または100％イオン結合ということはほとんどありません。どちらかの結合のほうがより強い・弱いという比率の問題になります。完全な（100％の）共有結合をするのは、同じ元素どうしの組み合わせのときです。同じ元素では電気陰性度の差が0になるからで、たとえば単体の気体分子である水素分子（H_2）〈図1-6-2〉や酸素分子（O_2）、窒素分子（N_2）はすべて共有結合です。単体とは1種類の元素からなる純物質をいいます。

●自由電子が結ぶ金属結合

　金属結合とは、規則正しく配列した多数の金属原子が電子を放出して陽イオンになり、自由に動き回れるようになった電子（自由電子）を共有することで、クーロン力によって結びつく結合方式です〈図1-6-3〉。イオン結合物質と同様に、金属には分子というものがなく、多数の原子が延々と連なった結晶構造をしています。

　一般に、金属結合するのは約80種類ある金属元素のみです。ただし、水素を超高圧で圧縮すると金属になると予想されているように〈➡p20〉、あらゆる元素が超高圧で金属になると考えられています。

　なお、自由電子が電気エネルギーや熱エネルギーを運ぶために、金属は導電性で、熱伝導率も高くなります。また、金属独特の光沢（金属光沢）は、自由電子が光を反射するために生じます。

図1-6-2　共有結合の例

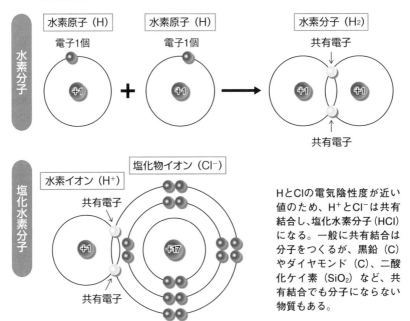

水素分子

水素原子（H）　電子1個　+1

水素原子（H）　電子1個　+1

水素分子（H₂）　共有電子　+1　+1　共有電子

塩化水素分子

塩化物イオン（Cl⁻）

水素イオン（H⁺）
共有電子
+1
共有電子

+17

HとClの電気陰性度が近い値のため、H⁺とCl⁻は共有結合し、塩化水素分子（HCl）になる。一般に共有結合は分子をつくるが、黒鉛（C）やダイヤモンド（C）、二酸化ケイ素（SiO₂）など、共有結合でも分子にならない物質もある。

図1-6-3　金属結合のようす

金属イオン（陽イオン）

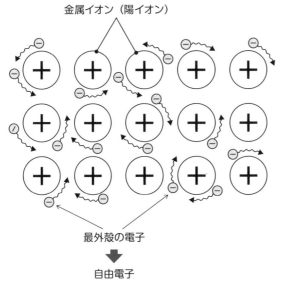

各金属原子が最外殻の電子を放して陽イオンになり、放された電子が金属中を自由に動き回れる自由電子になる。この自由電子を共有することで金属原子どうしが結合（金属結合）する。

最外殻の電子
⬇
自由電子

1 -7 水素結合

　ふつう、物質が気体→液体→固体と状態変化すると体積が小さくなります。ところが水だけは例外で、液体→固体で逆に体積が増加して密度が水より小さくなるため、氷が水に浮きます。その理由は水素結合にあります。

●水素結合は水素を介した分子間結合

　水素結合とは水素が原子と原子の間に入った結合方式で、分子内での結合（分子内水素結合）もありますが、一般に分子間の結合（分子間水素結合）を指します。ここでは分子間水素結合（以下「分子間」を省略）を紹介します。

　水素結合は、酸素（O）、フッ素（F）、窒素（N）などの電気陰性度の大きな原子（陰性原子）と共有結合している水素が、別の分子の陰性原子と結ぶ結合です。

　たとえば水（H_2O）の場合、水素と酸素が共有結合していますが、酸素原子は電気陰性度が水素原子より大きいため〈p25・図1-5-4〉、共有電子対を強く引き寄せます。その結果、酸素原子はわずかにマイナスの電荷を帯び、逆に水素原子はわずかにプラスの電荷を帯びます。このように分子内で電荷の偏りのある分子を**極性分子**といいます。その水分子が集まると、水分子の酸素原子と別の水分子の水素原子がクーロン力で引き合って結びつきます。これが水素結合です〈図1-7-1〉。

　水素結合の強さは、水素と結合する元素種によって異なりますが、金属結合より弱いものの、非極性分子間の分子間力であるでファンデルワールス力〈➡p20〉よりもはるかに強くなります。そのため水素結合を持つ物質は、ファンデルワールス力で結びついている物質より結合が熱運動で切れにくく、融点や沸点が異常に高くなります。

●氷が水に浮く理由

　では冒頭の疑問で、なぜ氷（固体）の密度が水（液体）より小さいのかというと、水分子1個が隣の水分子4個と水素結合して正四面体構造をとるからで、

この構造はすき間が多く、液体のときより体積が大きくなるのです〈図1-7-2〉。すき間が多いことで、氷を圧縮すると水になるという、ほかの物質には見られない現象も起こります。ふつうの物質では、固体を圧縮すると固体のままで体積が縮みますが、氷では正四面体構造が崩れて液体になってしまうのです。なお、圧力をかけるといっても、金属水素をつくるような超高圧の話ではありません。

図1-7-1　水分子の水素結合

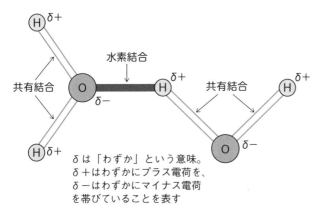

水分子内の水素と酸素の結合は共有結合、別の水分子の水素・酸素との分子間結合は水素結合である。水素結合はファンデルワールス力より強い分子間力なので、水の場合、融点が0℃、沸点が100℃と異常に高い値をとる。

δは「わずか」という意味。δ＋はわずかにプラス電荷を、δ－はわずかにマイナス電荷を帯びていることを表す

図1-7-2　水分子の正四面体結晶

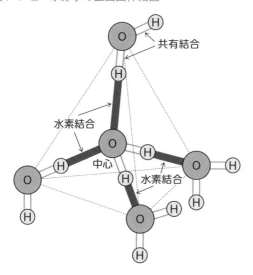

中心の水分子から4本の水素結合で4つの水分子が結びつき、その4つの水分子が正四面体の頂点に位置する。氷の結晶（水の分子結晶）はこの四面体構造が無限に広がっている。この正四面体構造はすき間が多く、そのせいで結晶の体積が水（液体）のときより増大する。

　p26で塩化水素が水に溶けると水素イオン（H^+）と塩化物イオン（Cl^-）に電離すると述べました。これを電離式で表すと、$HCl \rightarrow H^+ + Cl^-$になります。この説明のどこにも問題はありませんが、じつは正確ではありません。

●水素イオンならぬヒドロニウムイオン

　水素イオンをH^+と書くのは便宜上のものです。水素イオンは水溶液中で単独では存在せず、水分子と結合しており、これを**水和**といいます。水素イオンだけでなく、ほとんどのイオンが水溶液中では水和した状態で存在しています。その理由は水が極性分子〈→p30〉だからです。水分子中でわずかにプラス・マイナスの電気を帯びた水素原子と酸素原子が、イオンを引き寄せ結合するのです。水素イオンの場合、$H^+ + H_2O \rightarrow H_3O^+$より、$H_3O^+$（**ヒドロニウムイオン**または**オキソニウムイオン**という）の形で存在しています。

　しかし、このときの水分子と水素イオンの結合方式は、イオン結合でも水素結合でもなく、また通常の共有結合でもありません。水分子は極性を持つとはいえ、全体として中性分子であり、不対電子を持っていません。一方、水素イオンのほうはそもそも電子を持っておらず、そこでどうするかというと、水分子が持つ電子対（**非共有電子対**）を強引に共有してしまうのです。

●配位結合は特殊な共有結合

　通常の共有結合では、単結合の場合、2つの原子が電子を1つずつ出し合って、2つ（一対）の電子を共有することで結びつきます。それに対してヒドロニウムイオンでは、水分子中の酸素原子が2つの電子を提供し、それを水素イオンと共有するのです。このように一方の原子・イオンだけから電子対が供給されてできる共有結合を**配位結合**といいます。

　図1-8-1に、水分子と水素イオンが配位結合してヒドロニウムイオンになる反応を電子式で示しました。**電子式**とは元素記号の周囲に最外殻電子を点で表したものです。なお、酸素・水素の間の3つの結合のうち、どれが配位

結合かの区別はつきません。

　本来なら塩化水素の電離も$HCl + H_2O \rightarrow H_3O^+ + Cl^-$と書くべきですが、反応の前後で$H_2O$がくっついたり（離れたり）するだけなので、式を簡単にするためにも通常H_3O^+をH^+と表記します。本書もこれにならいます。

　ここまで多くの結合方式が出てきたので、表1-8-1に整理しました。

図1-8-1　ヒドロニウムイオンの配位結合

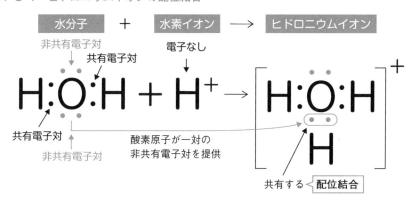

水溶液中では水素イオンは存在せず、水分子と水素イオンが、水分子が提供した一対の非共有電子対を共有して結合する（=配位結合）。配位結合は通常の共有結合とは異なるが、共有結合の一種である。

表1-8-1　結合の種類と強さ

強さ	結合方式（力）	概　略
1位	共有結合	2つの原子が不対電子を出し合い共有して結合する方式 非金属元素どうしなど、電気陰性度が同程度の元素間の結合
1位	配位結合	結合する片方の原子だけが電子対を提供し、それを共有する 共有結合の一種
3位	イオン結合	陽イオンと陰イオンがクーロン力で結合する方式 金属元素と非金属元素など、電気陰性度の差が大きい元素間の結合
4位	金属結合	金属元素の結合方式 多数の金属イオン（陽イオン）が自由電子を共有して結合する
5位	水素結合	水素を間にはさんで2つの分子内の陰性原子が結合する 分子間結合の一種
6位	ファンデルワールス力	非極性分子どうしが引き合う。分子間力の一種

　結合の強さの順位はあくまで一般論。ファンデルワールス力を除き、すべての結合はプラス電荷とマイナス電荷が引き合う力（クーロン力）がベースになっている。なお、ファンデルワールス力による結合をファンデルワールス結合という。

1 -9 マイナス電荷を持つ 水素陰イオン

　水素原子の特徴の1つは、電子を1個しか持っていないことです。水素原子核は陽子が1個からなるので、水素原子は陽子の＋1の電荷と電子の－1の電荷がつり合った状態にあり、電気的に安定しています。しかし、原子軌道には電子が2つ入ることができるので、電子をもう1個持っても、電気的にはつり合わないものの、それなりに安定して存在できます。

●水素イオンはプラスイオン？　マイナスイオン？

　高校までの化学で習う水素イオンといえば、電子を失って、まったく電子を持たない陽イオン（H^+）です。しかし、水素イオンには原子軌道に2個の電子が入った陰イオン（H^-）もあり、この水素陰イオンを**ヒドリド**（または**水素化物イオン**）といいます〈図1-9-1〉。ヒドリド（hydride）とは、水素（hydrogen）の化合物（-ide）を意味します。なお、ヒドリドに対して、水素の陽イオンはヒドロン（hydron）といいますが、化学では「陽子」の意であるプロトン（proton）と呼ぶことが多くなっています。

　ヒドリドをイオン化エネルギー〈➡p22〉の小さい、すなわち陽イオンになりやすい1族（アルカリ金属）元素や2族（アルカリ土類金属）元素と化合させると、両者はイオン結合します〈図1-9-2〉。

　つまり水素原子は、結合相手が強く電子を奪うタイプならH^+（プロトン）になり、相手が電子を離しやすいタイプならH^-（ヒドリド）になる、両刀使いなのです。

●広がるヒドリドの用途

　ヒドリドはほかの物質に対して、電子を与える還元剤としてはたらいたり、結合して水素化したりするなど、プロトンとは異なる性質を持っています。それらの化学作用を利用して、ヒドリドは有機合成（有機物を人工的につくる方法）などに広く利用されています。

　最近では、ヒドリドを高速で移動させることができるイオン伝導体の研究

開発が活発に行われており、燃料電池〈➡p108〉や次世代電池として注目を浴びている全固体電池への応用が期待されています。また、水素の大量貯蔵にヒドリドを利用したり、さらにヒドリドを含有した物質によって二酸化炭素をメタノール（メチルアルコール）に還元し再資源化したりする研究も進んでいます。

図1-9-1　水素の陽イオンと陰イオン

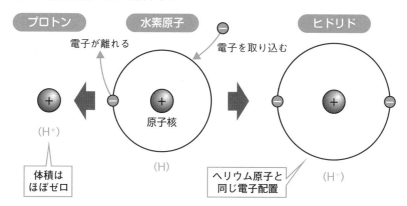

水素原子は、結合相手のイオン化エネルギー・電子親和力の特性によってプロトン（H^+）にもヒドリド（H^-）にもなる。H^+は電子を持たないので大きさはほぼゼロ。H^-は同じ原子軌道に入った2個の電子が互いに反発するため、イオン半径が原子の半径より大きくなる。

図1-9-2　水素化ナトリウムの生成

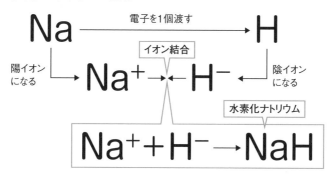

ナトリウム原子（Na）と水素原子（H）が出会うと、Naが電子1個をHに渡して陽イオンのNa^+になり、HはH^-になる。両者はイオン結合して水素化ナトリウム（NaH：イオン結晶）を形成する。NaHは水と激しく反応し、湿った空気中で発火する。NaHは石油化学や製薬、香料などの有機合成化学工業で広く利用されている。

水素の同位体

　原子には、核子のうち陽子の数が同じでも中性子の数が異なる原子があり、これを**同位体**といいます。つまり、原子番号が同じで、質量数が異なる原子が同位体で〈➡p10〉、すべての元素に同位体が存在します。同位体は化学的性質がほぼ同じで、物理的性質が異なります。

●放射性同位体と安定同位体

　同位体には放射性同位体と安定同位体の2種類があります。**放射性同位体**とは原子核のエネルギーを放射線として放出する原子で、それにより核種（原子または原子核の種類）が変化します。これを**放射性崩壊**（または**放射性壊変**）といい、崩壊後の原子核を**娘核種**といいます。それに対して、放射性崩壊を起こさない原子を**安定同位体**といいます。

　放射性崩壊は不安定な原子核を安定化するよう自発的に起こります。放射性崩壊には次の3種類があります〈図1-10-1〉。

①**α（アルファ）崩壊**：**α線**（＝ヘリウム原子核）を放出して、陽子と中性子が2つずつ減ります。したがって、原子番号が2減り、質量数が4減ります。

②**β（ベータ）崩壊**：中性子が陽子に変わり、このとき**β線**（＝電子線）とニュートリノ〈➡p19〉を放出します。その結果、質量数は変化しませんが、原子番号が1つ増えます。この崩壊をとくにβ^-崩壊といいます。β崩壊にはほかに陽子が中性子に変わるβ^+崩壊など複数の種類があります。

③**γ（ガンマ）崩壊**：原子核のエネルギーが高く不安定な状態（励起状態）にある原子が**γ線**を放出して安定したエネルギー状態（基底状態）になります。陽子数も中性子数も変化しないので核種は変わりません。γ線はX線よりエネルギーの高い電磁波（光）です。

　α崩壊とβ崩壊では別の核種に変化しますが、もとの原子の半分が崩壊するまでの時間を**半減期**といいます。半減期は異なる核種では違った長さになりますが、同一核種ではすべて同じになります。半減期で放射線の量も半分になりますので、γ崩壊では核種は変わらないものの、γ線の放出量が半分

になります。半減期の長さは、放射性同位体の核種によって数秒から数十億年のものまでさまざまです。

図1-10-1　放射性崩壊の種類

①α（アルファ）崩壊

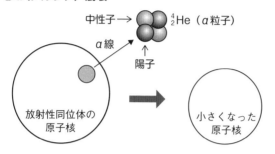

①α崩壊
α線はα粒子の放射線。α粒子は陽子2個と中性子2個からなるヘリウム原子核（α粒子ともいう）なので、その分の陽子が2減り、中性子も2減る。

②β（ベータ）崩壊（β⁻崩壊）

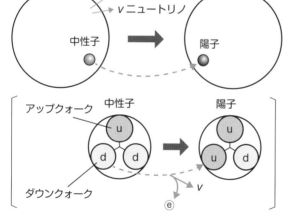

②β崩壊（β⁻崩壊）
電子（負電荷を持つ）とニュートリノ（正確には反電子ニュートリノ）が放出されて中性子が陽子に変わるため、陽子が1つ増え、中性子が1つ減る。放出される電子は電子軌道を回る電子ではなく、中性子から生じる。β⁻崩壊を素粒子で見ると、中性子の1個のdがuに変わる。

③γ（ガンマ）崩壊

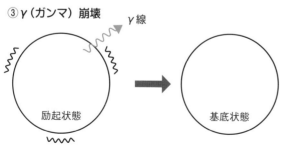

③γ崩壊
α崩壊やβ崩壊したあとに励起状態になった原子核などが、γ線を放出して基底状態になる。エネルギーの放出だけで、陽子と中性子の数は変化しない。

なお、同位体は英語でアイソトープ（isotope）、放射性同位体はラジオアイソトープ（radioisotope）といいます。また、放射線とは物質中の原子から電子を引きはがす作用（＝**電離作用**）を持つ高エネルギー線をいいます。

●水素の同位体

水素には同位体が3つあります。質量数が1の一般的な水素、一般的な水素の原子核に中性子1個が合体した質量数が2の**重水素**（デューテリウム）、中性子2個が合体した質量数3の**三重水素（トリチウム）**です〈図1-10-2〉。重水素に対して、一般的な水素を**軽水素**とも呼びます。もちろん、同位体の陽子（と電子の数）はすべて1個です。水素の同位体のうち、軽水素と重水素は安定同位体であり、トリチウムだけが放射性同位体です。トリチウムは半減期12.32年でβ崩壊し^{3}Heに変わります。

水素の同位体は原子力エネルギーと密接に関係しています。まずトリチウムですが、東日本大震災の際に起こった福島原子力発電所の爆発事故によってさまざまな放射性物質（娘核種）が地下水に溶け込んだので、その汚染水が海に流れ込まないように、放射性物質をできる限り取り除く処理をしてタンクに貯められました。この処理水に含まれる放射性物質のほとんどがトリチウムなので、トリチウム水とも呼ばれます。

トリチウム以外の放射性物質はイオンとして汚染水に溶け込んでおり、ろ過や吸着という手段で除去されます。それに対して、トリチウムは化学的性質が軽水素とほぼ同じなので、軽水素の代わりに酸素と結合して水分子になるため、除去するのが難しいのです〈図1-10-3〉。

●重水素とトリチウムは核融合の燃料

トリチウムは上記のとおり場合によってはやっかいな代物ですが、**原子核融合反応**にとっては欠かせない燃料です。夢のエネルギーといわれる核融合発電の実現を目指す国際プロジェクトの**国際熱核融合実験炉**（**ITER**；International Thermonuclear Experimental Reactor、イーター➡p132）では重水素とトリチウムを燃やし、その際に放出されるエネルギーを利用して発電します。核融合については第4章でくわしく説明します。

また、重水は一部の原子力発電所で減速材として利用されています。**重水**

とは重水素が酸素と化合して水分子になったものです。原子力発電所の原子炉では、原子核分裂で発生した中性子の速度を下げて核分裂の連鎖反応を生じさせますが、そのときの減速材に重水を使う方式があります。日本の商業原子炉はすべて減速材に**軽水**を使う**軽水炉**であるのに対して、カナダやインド、中国、韓国などでは**重水炉**も導入されています。

図1-10-2　水素の同位体

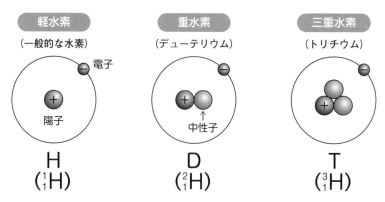

重水素はD、トリチウムはTで表す。重水素は軽水素の原子核（陽子）に中性子が1個合体した質量数2の安定同位体、トリチウムは軽水素の原子核に中性子が2個合体した質量数3の放射性同位体。自然界の存在比は、軽水素が99.985%、重水素が0.015%、トリチウムは（比率としては）ほぼゼロである。

図1-10-3　トリチウムを含んだ水分子

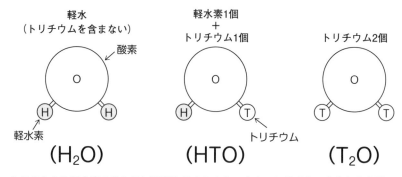

トリチウムは軽水素の代わりに酸素と結合し水をつくる。トリチウムを含む水分子は、軽水素1個＋トリチウム1個と酸素からなるHTOと、トリチウム2個と酸素からなるT_2Oがあるが、一般的なトリチウム水はHTOである。なお、重水は一般に重水素2個と酸素が結合した D_2Oである。

オルト水素とパラ水素

クォークやレプトンなどの素粒子〈➡p18〉は**スピン**という角運動量（**スピン角運動量**）を持っています。角運動量とは回転の勢いを表す量であり、スピンとはしいていえば自転運動のようなものですが、量子力学における概念であり、地球がクルクル自転しているような古典的イメージとは異なります。スピンは素粒子からなる核子、核子からなる原子核でも確認されています。

●粒子のスピン

スピンは荷電粒子に磁性（磁石の性質）を与えます。導線に電流が流れると**磁場**（**磁界**ともいう）が発生するように、スピンでも同様の現象が起こり、電荷を持つ粒子はスピンによって磁場を発生させます。つまり、個々の荷電粒子がそれぞれ超ミクロな磁石になっているのです。

スピンは粒子の種類によって決まった大きさを持っており、これを**スピン量子数**といいます。たとえば、陽子・中性子・電子は電荷や質量が異なっているにもかかわらず、スピン量子数はいずれも$s = 1/2$です〈表1-11-1〉。このスピン量子数は、簡単にいえば、スピンの向き（ひいてはスピンによって生じる磁性の向き）に関係し、たとえばスピン量子数が1/2の粒子では2方向に、スピン量子数が1の粒子は3方向にスピンすることができます。

●2種類の水素分子

水素原子核（陽子）のスピンの2方向を便宜上「上向き」と「下向き」とすると、水素原子が2個結合した水素分子では、スピンの向きが互いに同じ（スピンを強め合う）か、あるいは逆方向（スピンを打ち消し合う）かの組み合わせが生じます。同一方向の水素分子を**オルト水素**、逆方向の水素分子を**パラ水素**といいます〈図1-11-1〉。オルトとはギリシア語で「正規の」という意味で、パラは「反対側に」を意味します。

オルト水素とパラ水素は化学的性質は同じですが、物理的性質には違いがあり、比熱や熱伝導率などが異なります。これは両者のエネルギーの違いに

よるもので、スピンを弱め合うパラ水素は低エネルギーです。そのため、常温の水素ではオルト水素とパラ水素の存在比は約3：1で、これを**ノルマル水素**といいますが、温度が低くなるにつれて低エネルギーのパラ水素の存在比が高まります〈表1-11-2〉。このことは水素を燃料にしたときの性能には影響しませんが、水素を液化するときに重大な問題になります〈➡p164〉。

表1-11-1　スピン量子数と主な粒子

スピン量子数	粒　子	スピンの方向
$\frac{1}{2}$	クオーク、電子、陽子、中性子、三重陽子	2
1	重陽子	3
0	$α$粒子	なし

スピン量子数は1/2の整数倍になる。水素の原子核（＝陽子）のスピン量子数は1/2なので、スピンの方向（自由度）は2になる。

重陽子は重水素の原子核（＝陽子1個＋中性子1個）
三重陽子は三重水素の原子核（＝陽子1個＋中性子2個）
$α$粒子はヘリウムの原子核（＝陽子2個＋中性子2個）

図1-11-1　オルト水素とパラ水素のスピンの向き

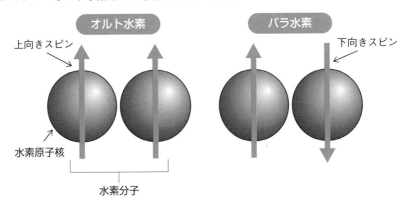

水素分子は共有結合で結ばれた2つの水素原子からなるが、原子核スピンの方向が同じか逆方向かでオルト水素とパラ水素の2種類の異性体がある。パラ水素ではスピンが逆（打ち消し合う）方向なので、回転のエネルギーが低くなる。

表1-11-2　オルト水素とパラ水素の存在比

温度(℃)	0	-103	-173	-213	-253
オルト水素(%)	74.9	72.0	61.5	34.6	0.2
パラ水素（%）	25.1	28.0	38.5	65.4	99.8

両者の存在比は温度によって決まり、その比率で平衡状態になる。理論上は-273℃（絶対零度）でパラ水素が100％になり、常温以上で、オルト水素：パラ水素＝3：1に近づく。

1 -12　水素の工業利用

　次章から水素のエネルギーキャリアとしての詳細を、具体的な事例をあげ
つつ説明していきますが、本章の最後に、エネルギー用途以外での水素の工
業利用について紹介しておきます。水素は非常に幅広い製品やその製造過程
で利用されており、利用範囲は拡大を続けています。ここでは代表的な用途
をいくつか取り上げます。

●石油精製における脱硫

　脱硫とは読んで字のごとく硫黄を除去することをいいます。硫黄化合物は
大気汚染の主要原因物質なので、石油精製においては、原油に含まれている
硫黄化合物に対して触媒を用いて高温・高圧下で水素を付加し、硫化水素と
して除去しています。この方法を**水素化脱硫法**（または**水素化精製**）といい
ます。

　石油精製では、まず原油を常圧蒸留装置で沸点の差を利用して各種成分（留
分という）に分離します。そして、LPガス以外を水素化脱硫装置（水素化
精製装置ともいう）で処理し、有害成分である硫黄を除去し、各種製品に仕
上げていきます〈図1-12-1〉。

●金属の光輝焼鈍

　金属材料を加熱・冷却して、望む性質に変える手法を**熱処理**といいます。
一般的な熱処理には、材料を硬くする「焼き入れ」や粘り強くする［焼きも
どし］、加工しやすいようにやわらかくする「焼きなまし」、ひずみを取り組
織を均質化する「焼きならし」などがあります。

　熱処理を空気中で行えば、材料表面が空気中の酸素に触れて酸化しますの
で、熱処理後表面の酸化層（錆）を取り除く処理（ピーリング処理）をする
必要があります。その手間を省くために、現在は用途に応じて炉内に窒素や
アンモニア、水素などのガスを充満させて熱処理を行います。炉内に充満さ
せるガスを雰囲気ガスといいます。とくに、水素ガスの雰囲気で焼きなまし

を行うと、金属材料のもともとの錆も水素の還元力によって除去され、金属表面が光沢を持った面に仕上がります。これを**光輝焼鈍**といいます〈図1-12-2〉。焼鈍とは焼きなましのことです。

なお、「還元」とは「酸化」の逆反応で、酸素を失うこと、水素と化合すること、電子を得ることなどをいいます。

図1-12-1　石油精製における脱硫

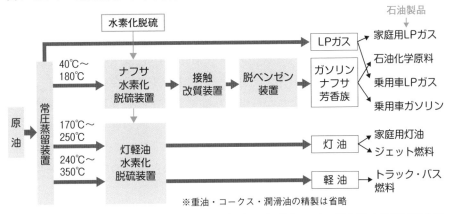

常圧蒸留装置により、沸点の差を利用して原油をLPガス・ナフサ・灯油・軽油に分離し、水素化脱硫装置で脱硫する。水素化脱硫装置にはニッケル（Ni）やコバルト（Co）、モリブデン（Mo）などの金属を使った固体触媒（脱硫触媒）が充填されている。なお、ナフサは透明な軽質油であり、ガソリンに混ぜられたり、石油化学製品の原料として使用される。

図1-12-2　金属の光輝焼鈍

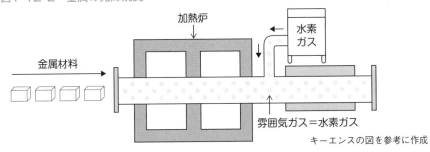

焼きなましには金属をやわらかくするほか、内部のひずみを取り除いて組織を均質にする役割もある。また焼きなましの際に酸素や二酸化炭素を排除し、水素ガス雰囲気にすることで、金属材料の酸化を防ぎ、水素の還元作用によって金属表面が光り輝くように美しく仕上がる。

●キシリトールの製造

　虫歯予防効果が有名な甘味料の**キシリトール**は、**糖アルコール**という炭水化物の一種です。多くの植物から採取でき、人間の肝臓でも少量が生産されていますが、各種製品に使用されているキシリトールは人工的に化学合成されたものです。虫歯に強いのはキシリトールに際立った特徴ですが、糖アルコールは総じて体内に吸収されにくく、熱や酸性・アルカリ性に強く、微生物の栄養源になりにくいため、食品や飲料、医薬品、化粧品などに広く使われています。

　糖アルコールは、糖質が持つ炭素と酸素の二重結合（C＝O、カルボニル基という）に水素を添加し、アルコール（CH－OH）に変えた物質の総称です。糖アルコールも糖質に分類されます。キシリトールの場合は白樺や樫などの樹木、トウモロコシの芯などから得られるキシランという炭水化物を加水分解してキシロース（木糖という）をつくり、それに水素を添加（還元）して合成します〈図1-12-3〉。なお、糖アルコールは「アルコール」といってもお酒とは違い酔うことはありません。お酒を飲むと酔うのはエタノール（エチルアルコール）の作用です。

●MRIの原理

　医療機関で使用されている画像診断法には、X線を用いたレントゲンやCT（Computed Tomography、コンピュータ断層撮影）、超音波を用いたエコー検査、陽電子を利用したPET（Positron Emission Tomography、陽電子放出断層撮影）、そして水素原子核（陽子）を利用した**MRI**（Magnetic Resonance Imaging、**磁気共鳴画像診断法**）などさまざまな種類があり、診断目的に応じた特徴を持っています。なお、陽電子とは正電荷を持っていること以外は電子とそっくりな電子の「反粒子」です。

　MRI〈図1-12-4〉の原理は、**磁気共鳴**という現象をもとにしています。人体の60〜70％は水からできていますが、人体に強力な磁場をかけると水素原子核のスピン〈➡p40〉の向きがそろいます。そこに特定の周波数の電磁波を照射すると、電磁波のエネルギーが吸収されてスピンの向きがいっせいに傾き、これを磁気共鳴といいます。そして電磁波の照射を止めると、スピンの向きがもとに戻るのですが、戻る速さが臓器や組織、病変部によって異

なるため、放出される電磁波に差が生じ、その情報をコンピュータで処理し映像化するのです。

図1-12-3　キシリトールの合成

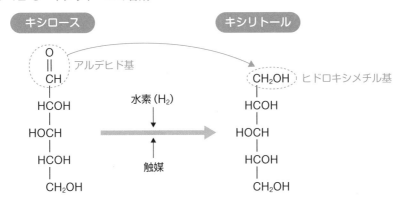

キシロース（$C_5H_{10}O_5$）に水素（H_2）を添加すると、ニッケル（Ni）などの触媒のはたらきによってC＝Oが切れてCH_2OHになり、糖アルコールのキシリトール（$C_5H_{12}O_5$）ができる。図中の点線で囲んだ（−CHO）をアルデヒド基、（−CH_2OH）をヒドロキシメチル基という。

図1-12-4　MRI装置のしくみ

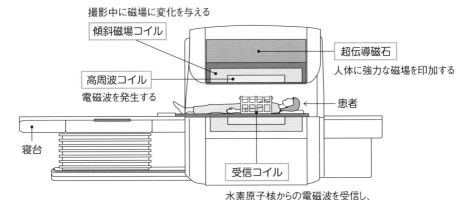

キャノン グローバル（HP）の図を参考に作成

MRIは磁場と電磁波を使用して、人体内部の画像を得るしくみ。X線を用いるレントゲンやCTは水分が少なく空気が多い組織の画像化に適しているのに対して、MRIは水分が多い脳や脊髄などの画像化を得意としている。一般的なMRI装置は超伝導磁石で強力な磁場を発生させるが、磁力の強いネオジムなどの永久磁石を用いる製品もある。

！ 水素社会① ジュール・ヴェルヌの慧眼（けいがん）

　ジュール・ヴェルヌ（1828-1905）は、フランス生まれの世界的に有名なSF作家である。『海底二万里』や『十五少年漂流記』などの冒険小説に、子ども心を躍らせたことのある人も多いだろう。出版社によって、前者は『海底二万マイル』、後者は『二年間の休暇』などのタイトルでも販売されている。

　そのヴェルヌが1874年に『ミステリアス・アイランド』を発表した。例によって邦題を『神秘の島』や『神秘島物語』としている出版社もあるが、いずれにしろ、本作品にはおそらく小説としては世界で初めて「水素エネルギー」に関する記述が登場する。その箇所を『ミステリアス・アイランド⑤』（手塚伸一訳、集英社文庫、1996年刊）から拾った。

　物語は、米国南北戦争で南軍の捕虜になっていた男4人と少年1人が気球を奪って脱出をはかり、無人島に漂着したところから始まる。優秀な技師であり学者でもあったスミスをリーダーとして、みんなが島で生き抜くことを決意し、ストーリーがスリリングに展開していく。ある夜、記者の男が「石炭がなくなったら、商工業の発展が停まるんじゃないか」「石炭の代わりに何を燃やすのか」という疑問をスミスにぶつけた。以下、部分引用。

　スミス：「水だろうな」「構成分子の水素と酸素が、別々にかそれとも一緒にかはわからないが、石炭ではとうてい出せないような強さの熱源、光源となるだろう。石炭の代わりにこの二つの圧縮ガスが積みこまれるようになる。それがボイラーの中でものすごい熱量で燃えるんだ。だから何も心配することはない」。

　水素は1766年に英国の科学者ヘンリー・キャヴェンディッシュ（1731-1810）が発見し、燃える気体として19世紀にはすでに広く知られていた。しかし、石油は存在自体は古くから認知されていたものの、石油産業は米国の実業家ジョン・D・ロックフェラー（1839-1937）がスタンダード・オイル社を設立した1870年に生まれたばかりだった。だから本作品が上梓された当時は、まだ誰も石油が石炭に代わるエネルギー源になるとは思っていなかった。それでスミスは石油をすっ飛ばして水素に言及したのだが、いま水素はスミスが言ったとおりに利用されてきている。ジュール・ヴェルヌの慧眼に敬礼。

第2章

水素の
燃焼エネルギー

カーボンニュートラルを実現する水素エネルギー。
「新しい燃料」と表現されることも多い水素ですが、
じつは古くから燃やされてきた、再評価されている燃料なのです。
一方で水素が「危険な燃料」だと考えている人も多いようです。
水素はどのように燃焼するのか、その特性を多方面から分析し、
水素が危険なのか、それとも安全なのかを検証します。
いまや時代の潮流になってきた水素エンジン車もくわしく紹介します。

2 -1 水素の燃焼による熱エネルギー

　水の電気分解などで発生させた水素ガスを試験管にためて、マッチの火を近づけると、ほとんど無色の炎とともにポンと音が鳴ります。小学校または中学校でやる理科の実験ですが、これから2つのことがわかります。まず、水素が可燃性の気体であること、そして燃焼速度が速い〈➡p56〉ことです。なお、水素が燃えるときの炎が無色なのは、紫外線領域の光が出るからです。

●燃焼が広がる理由

　燃焼とは、熱と光を伴う酸化反応をいいます。野外の鉄が酸素と結合して錆びていくようなゆっくりとした酸化では、わずかな発熱があるものの、光を出さないので燃焼とはいいません。燃焼は酸化反応が高速で進む現象です。
　一般に、燃焼には酸素（支燃物）、可燃物、着火源の3つの要素が必要になります。支燃物とは可燃物と結合して可燃物を燃やす物質をいいます。上記の理科の実験では、酸素は空気中に含まれており、可燃物は水素、マッチの火が着火源になります。一度燃焼が始まると連鎖的に反応が進むのは、酸化反応が発熱反応であり、発生したエネルギーの一部が次の酸化を引き起こす活性化エネルギーに使われ、反応が次々に進むからです〈図2-1-1〉。

●水素ガスの単位質量当たりの発熱量は高い

　では、水素ガスを燃やすことはほかの燃料と比べて有利・不利のどちらなのでしょうか。図2-1-2に主な燃料（可燃性ガスとガソリン）の単位質量当たりの発熱量と単位体積当たりの発熱量を示しました。これを見てわかるように、水素の単位質量当たりの発熱量はそのほかの可燃性ガスおよびガソリンの3倍近くも大きく、水素は燃料として非常に優秀といえます。その一方で、水素は密度が小さいため、単位体積当たりの**発熱量**は小さくなります。つまりかさばる燃料なので、水素を貯蔵するときは圧縮したり液化水素にしたりして密度を高める必要があります〈➡p162〉。
　なお、この場合の発熱量とは、水素（可燃物）を完全に燃焼させたときの

燃焼熱のことで、図2-1-1のグラフでは、発生するエネルギーから活性化エネルギーを差し引いた値になります。

図2-1-1　水素の燃焼における化学エネルギーの変化

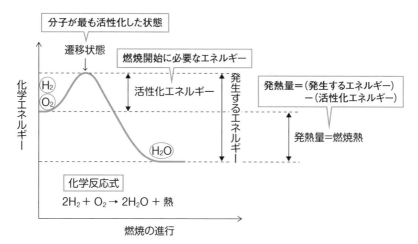

遷移状態とは原子・分子が最も活性化した（エネルギーが高い）状態で、この山を越えないと燃焼が始まらない。そのため、最初に着火するなどして熱を加える必要がある。いったん燃焼が始まると、発生するエネルギー（熱）によって反応が連鎖的に進む。発熱量＝（発生するエネルギー）－（活性化エネルギー）

図2-1-2　主な燃料の発熱量

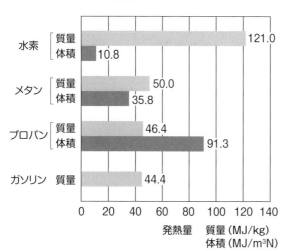

発熱量　質量（MJ/kg）
　　　　体積（MJ/m³N）

低位発熱量（➡図2-1-3）の値。「質量」は単位質量当たり、「体積」は単位体積当たりを表す。ガソリンは液体でそれ以外は気体。水素は軽い気体なので、単位体積当たりの発熱量が小さい。単位の「MJ」はメガ・ジュールで、メガは百万を表す接頭語。「m³N」は0℃、1気圧に換算した気体の体積を表す。「N」は「ノルマル」。以前はNm³と表記されていたが、Nが「力」の単位である「ニュートン」と誤解されやすいため変更された。

ちなみに、発熱量には高位発熱量と低位発熱量の2種類があります。水素はもとより、炭化水素が主成分の燃料を燃やすと水蒸気（気体）が生成し、それが冷えて水（液体）に戻るときに凝縮熱（水が水蒸気になるときの気化熱と同じ量）を放出します。この凝縮熱を含めた発熱量を**高位発熱量**（**高発熱量**または**総発熱量**）といい、凝縮熱を含めないものを**低位発熱量**（**低発熱量**または**真発熱量**）といいます。通常、工業的には燃焼ガスが冷えて生じる凝縮熱を利用することまではしないので、多くの場合低位発熱量を燃料の発熱量として用いています。よって、図2-1-2では低位発熱量を用いましたが、図2-1-3で単位質量当たりの低位発熱量と高位発熱量を比較しました。

●高い火炎温度

　可燃物を燃やしたときの炎の温度を**火炎温度**（または**燃焼温度**）といいます。火炎温度は発熱量が大きいと高くなりますが、それだけではなく、生成物の熱容量も関係します。**熱容量**とは物質の温度を1℃上げるのに必要な熱量のことで、発熱量が大きくても生成物の熱容量が大きければ、温度を上げるのに多くの熱が使われるので、火炎温度は低くなります。

　ちなみに、物質の熱的性質を表すのによく用いられる「比熱」と熱容量の違いは、熱容量は物質全体の温度を1℃上げるのに必要な熱量であるのに対して、比熱はその物質1gの温度を1℃上げるのに必要な熱量になります。すなわち、熱容量＝（比熱）×（物質の質量）になります。

　図2-1-4に主な燃料の火炎温度を示しました。水素は火炎温度が高く加熱に有利ですが、環境負荷物質のNO$_X$（窒素酸化物）が発生しやすくなります。なお、ガソリンの値は、液面から空気中に蒸発（気化）して燃焼（**液面燃焼**という）するときの温度です。ガソリンエンジンの場合は、シリンダー内に霧状に噴射したガソリンと空気を混合し、圧縮して点火しますので、そのときの火炎温度はおよそ2,000℃、条件によってはそれ以上になります。

●小さい輻射率

　熱の伝わり方には、輻射（放射）、対流、伝導があり、このうち輻射では赤外線を主とする電磁波によって伝熱されます。輻射による伝熱は急速かつ均一に加熱しやすい利点がある一方で、輻射熱が大きいと場合によっては機

器が被害を受けたり類焼したりするリスクが生じます。火炎の熱のうち電磁波で放出される割合を**輻射率（熱放射率）**といい、表2-1-1に示しました。水素ガスの燃焼における輻射率は小さく、この点で安全な燃料といえます。

図2-1-3　主な燃料の低位発熱量と高位発熱量

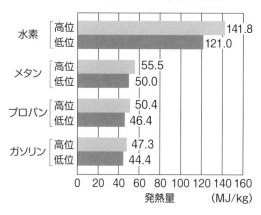

単位質量当たりの値。燃焼ガスに含まれる水蒸気が水になるときに放出される凝縮熱を含めた発熱量が高位発熱量、含めない発熱量が低位発熱量。低位発熱量＝（高位発熱量）ー（生成水蒸気の凝縮熱）

図2-1-4　主な燃料の燃焼時の火炎温度

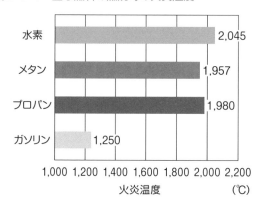

空気中で燃焼させた場合の火炎温度。どの燃料ガスも2,000℃近いが水素は一段と高い。ガソリン（液体）は気化したものに空気中の酸素が供給されて燃焼するときの熱量で、これを液面燃焼という。ただし、火炎温度を含め燃焼にかかわる数値には、測定条件が違っていたり工業分野によって用語の定義が異なっていたりすることからさまざまなものがある。ここでの値もそのうちの1つであり、次ページ以降も同様である。

表2-1-1　主な燃料の燃焼における輻射率

燃料	輻射率
水素	0.04～0.25
メタン	0.15～0.35
プロパン	0.3～0.4
ガソリン	0.3～0.4

ここでいう輻射率は全放出熱量のうち、輻射で伝熱する割合。輻射率＝（電磁波による熱輻射）÷（全放出熱量）。水素の輻射率は小さく、他の燃料に比べて類焼の危険が小さいといえる。

水素はどれほど燃えやすいか

水素を燃料としたときにどれほど燃えやすいかを、発火点、最小着火エネルギー、燃焼範囲の観点から検証してみます。燃えやすいということは、燃料として便利ではあるものの、その反面危険性にもつながります。

●引火点と発火点の違い

可燃物が燃える温度としてよく似た用語に引火点と発火点があります。**引火点（引火温度）**とは、マッチの火などの着火源を近づけた際に、燃焼が始まるときの可燃物の最低温度をいいます。燃料は引火点以上の温度になっていないと燃焼しません。ただし、引火点が問題になるのは液体燃料の場合であって、可燃性ガスの引火点は、たとえば水素ガスは−253℃であり、ほかの可燃性ガスも同様に非常に低温であるため実質的に考慮する必要はありません。ガソリン（液体）の引火点もおよそ−50～−40℃です。

一方、**発火点（発火温度、着火温度）**は、着火源がなくても可燃物が自発的に燃焼し始める（自然発火する）温度です〈図2-2-1〉。可燃性ガスの場合はガス濃度が重要で、いくら温度が高くても、ガスの濃度が低すぎる、あるいは高すぎると発火しません。そもそも引火にしろ発火にしろ、燃焼するためには図2-2-3に示す燃焼範囲内の濃度でなければなりません。

気体燃料でも液体燃料でも発火点の測定にはいろいろな方法があり、測定値にもばらつきがあるので、図2-2-1はあくまで目安です。よくある方法としては、気体ではシリンダーに可燃性ガスと空気を入れてピストンで断熱圧縮するやり方、可燃性液体では加熱した容器内に液体を滴下するやり方などがあります。発火点が低いほど、低い温度で自然発火しやすいということなので、危険性が高い燃料といえます。この点水素はさほど危険ではなく、ガソリンのほうがよほど危ない燃料と見なせます〈図2-2-1〉。

●小さい最小着火エネルギー

燃料の温度が引火点以上でも、着火源などから必要なエネルギーを受け取

らなければ燃料は燃えません。燃焼に必要とされる最小のエネルギーを**最小着火エネルギー**といいます〈図2-2-2〉。水素の最小着火エネルギーはほかの可燃性ガスに比べて1桁低く、すなわち小さいエネルギーで引火するため、この点においては危険な燃料と見なせます。最小着火エネルギーは燃料の濃度のほかに温度や圧力などにも影響されます。

図2-2-1　主な燃料の発火点

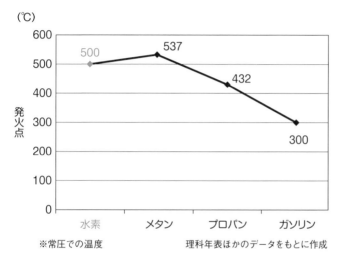

発火点が低いほど自然発火しやすく火災の危険性が高まる。ガソリンは発火点が低く、自然発火しやすい危険な燃料といえるが、水素はほかの燃料に比べて特段発火点が低いとはいえない。

※常圧での温度　　　　理科年表ほかのデータをもとに作成

図2-2-2　主な燃料の最小着火エネルギー

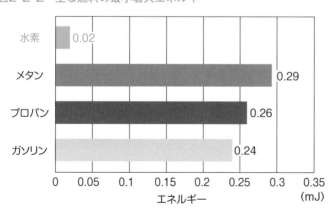

最小着火エネルギーが低いほど、少しのエネルギーで引火するので、火災の危険性が高くなる。水素はほかの燃料より1桁小さいので、危険性が指摘される。

※常温常圧での値。単位は mJ（ミリ・ジュール）で、1J＝1,000mJ
エネルギー総合工学研究所のデータをもとに作成

ところで、最小着火エネルギーと似た概念の指標に、活性化エネルギー〈➡ p48〉があります。どちらもエネルギー障壁を超えるために必要なエネルギーの大きさを表しますが、活性化エネルギーは分子レベルで（燃焼）反応が始まるのに必要なエネルギーをいうのに対して、最小着火エネルギーは分子の集合体であるマクロな物体の引火に必要なエネルギーであって、燃焼熱や熱容量、燃焼範囲などにも関係しています。もちろん、最小着火エネルギーの大きさは活性化エネルギーの値とも密接に関係しています。

●広い燃焼範囲

　可燃性ガスは温度や圧力がどうであれ、空気中に適当な濃度で存在しないと、大きなエネルギーを与えても引火しません。つまり、可燃性ガスと空気（または酸素）の混合割合が薄すぎても、濃すぎても燃えないのです。燃焼が起こる上限濃度と下限濃度の範囲を**燃焼範囲**（**燃焼限界**、**可燃範囲**、**可燃限界**）といい、温度や圧力によってガスの種類ごとに決まっています。引火点〈➡ p52〉は、燃焼範囲の下限濃度のときの温度になります。

　図2-2-3に常温常圧での燃焼範囲の目安を示しました。これを見てわかるように、水素ガスの燃焼範囲はほかの燃焼ガスに比べて非常に広く、高濃度でも燃焼します。燃焼範囲が広いことは使い勝手がよいともいえますが、それよりも危険性が指摘されています。とくに下限濃度が低いほど、ほんのちょっとの漏れにも注意が必要となります。

　ところで、燃焼範囲は**爆発範囲**（**爆発限界**）ともいいます。爆発も燃焼の一種なのでそう呼ばれているのですが、燃焼と爆発は別物と考えるのがふつうです。両者の違いについては次項で説明します。

●理論空燃比

　燃焼範囲内に理論空燃比と呼ばれる特別な混合比があります。**空燃比**とは混合ガスにおける空気と燃料ガスの比率をいい、**理論空燃比**（**理論混合比**、**理想的空燃比**、**量論空燃比**）は両者が過不足なく反応する比率をいいます。空燃比はA/F（Air/Fuel）で表されます。ただし、燃焼範囲が体積比で表されるのに対して、空燃比は質量比で表します。理論空燃比は化学反応式から簡単に計算できます〈図2-2-4〉。

なお、理論空燃比を実際の空燃比で割った値を**当量比**といいます。当量比は記号Φ（ファイ）で表され、燃料の濃さを表す指標としてよく用いられます。Φ＝1の混合ガスを**理論混合気**、1＞Φ（燃料が希薄）を**希薄混合気**、1＜Φ（燃料が過剰）を濃混合気といいます。

図2-2-3　主な燃料の燃焼範囲

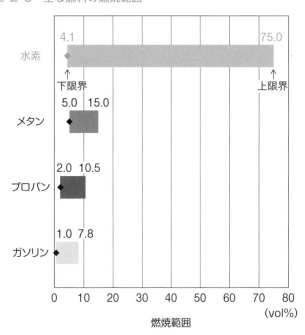

可燃性ガスの、空気との混合ガス全体に占める体積割合。単位はvol%（ボリューム・パーセント、体積パーセント）。水素の燃焼範囲は非常に広く、とりわけ高濃度の混合ガスも燃焼可能である。下限界の濃度はどの燃料もほぼ同程度だが、ガソリンが低濃度でもやや燃えやすいといえる。

図2-2-4　水素ガスの理論空燃比の計算

水素の燃焼の化学反応式は、

$$2H_2 + O_2 \rightarrow 2H_2O$$

水素分子2molと酸素分子1molが過不足なく反応する。
このときの質量比は、Hの原子量が1.0、Oの原子量が16.0なので、
　　水素：酸素＝1.0×4：16.0×2＝4.0：32.0＝1：8
乾燥空気中における酸素の質量割合は23.14%なので、
　　水素：空気＝1：（8/0.2314）≒1：34.6 ◁ 理論空燃比
（正確なデータでの計算では、水素の理論空燃比は 34.3になる）

水素の爆発

　水素は「爆発的に燃焼する」と表現されることがあります。爆発は燃焼の一形態ですが、爆発と燃焼はどのように区別されるのでしょうか。

●爆発は燃焼の一形態

　一般に、爆発とは、発生した熱によって燃焼ガス（＝燃焼反応によって生じたガス）の体積が急激に膨張し、その大きな圧力が周囲に伝わる現象です。このとき、しばしば爆発音や爆風、**衝撃波**〈➡p58〉を伴います。開放空間では燃焼ガスが膨張しても圧力は高まりにくいため、爆発に至ることはまれですが、大量の混合ガス（可燃性ガスと酸化剤）が一気に燃焼すると爆発が起こります。なお、可燃性ガスが開放空間で空気と混ざり合いながら燃焼するとき、これを**拡散燃焼**といい、爆発はしません。液体のガソリンが液面燃焼〈➡p50〉するのも拡散燃焼の一種です。

　それに対して、閉鎖空間では燃焼ガスの体積膨張が妨げられるために圧力が高まり、爆発に発展しやすくなります。ほとんどの水素爆発事故も、閉鎖空間で発生しています。ガソリンエンジンもシリンダー内という閉鎖空間で爆発を起こして、その爆風圧でピストンを動かします。

●爆燃と爆轟の違い

　さて、燃焼と爆発の区別ですが、気体の燃焼を爆燃（デフラグレーション：deflagration）と爆轟（デトネーション：detonation）の2つに分ける考え方があります。**爆燃**とは文字どおり［爆発的燃焼］を意味しますが、私たちが通常「燃焼」と見なす緩慢な燃え方も爆燃に含めます。そして、爆燃より激しい爆発を轟くという字を用いて**爆轟**とします（燃焼を細分して燃焼、爆燃、爆発、爆轟の4つに分類する方法もあります）。

　では、爆燃と爆轟の境は何かというと、燃焼速度が混合ガス中における音速を超えるかどうかで決まります。**燃焼速度**とは混合ガスに点火したときに燃焼が進んでいく速度をいい、燃焼ガスが膨張すると大きくなります。一般

に、可燃性ガスは理論空然比近傍で最大燃焼速度を示します〈図2-3-1〉。水素の燃焼速度はほかの可燃性ガスより7〜8倍も大きいために高圧になりやすく、「爆発的に燃焼」します。この点十分な注意が必要です。

なお、主な可燃性ガス中と空気中における音速を図2-3-2に示しました。気体中の音速は分子量が小さい気体ほど速く、水素ガスでは非常に速いです。

図2-3-1　主な燃料の最大燃焼速度（混合ガスが静止状態）

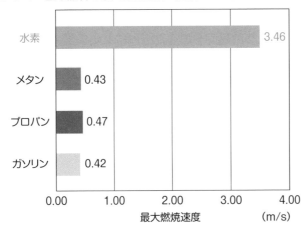

水素ガスと空気の混合ガスの場合は、当量比が34.3のとき燃焼速度が最大になる。ほかの可燃性ガスに比べて格段に燃焼速度が大きい水素ガスは、爆発しやすいといえる。なお、通常は混合ガスが静止しているときより流れて（乱れて）いるときのほうが燃焼速度は大きくなる。

エネルギー総合工学研究所のデータをもとに作成

図2-3-2　主な可燃性ガス中における音速

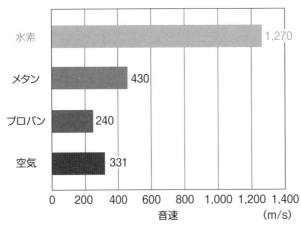

0℃、1気圧における可燃性ガス中および空気中を音が進む速さ。音は気体の圧縮波（＝振動）であり、媒質（ここでは気体）自体は移動しない。音速は媒質の種類、温度、圧力によって決まる。水素は分子量が小さいため、水素ガス中の音速は空気中より4倍弱速い。

理科年表ほかのデータをもとに作成

●燃焼速度と火炎伝播速度の違い

　燃焼速度とよく似た意味の言葉に火炎伝播速度があり、どちらも火炎（＝燃焼反応面）が進行する速さを指します。両者の違いは火炎をどこから観測するかで生じます。図2-3-3に空気中にたまった混合ガス（水素と酸素）が燃焼する場合の概念図を示しましたが、燃焼速度は視点を未燃焼混合ガス（以下、未燃焼ガス）内に置いて、火炎が進む速さを見たものです。しかしこのとき、燃焼熱などによって混合ガス全体が移動・膨張します。それを未燃焼ガスの外部の遠い所から測定したものが火炎伝播速度であり、よって火炎播速度は燃焼速度に混合ガスの移動速度を加えたものになります。

●衝撃波の発生

　爆轟が起こる経緯には2とおりあります。1つは、通常の火炎がしだいに加速して高速の爆燃が爆轟へと状態が転移する場合で、これを**爆轟転移**といいます。2つめは強力な衝撃波が混合ガスに入射したときにただちに爆轟が発生する場合で、こちらは**直接起爆**と呼ばれています。

　なお、ここまで主に可燃性ガスの爆燃・爆発について説明してきましたが、このように気体が爆発することを**気相爆発**といいます。それに対して、液体爆薬などが爆発することを**液相爆発**、ダイナマイトなどの固体が爆発することを**固相爆発**といいます。ただし、通常、噴霧された液体や、固体の粉塵が爆発する場合は気相爆発に含めます。

　ところで、爆燃と爆轟を「燃焼速度が音速より遅いか速いか」で分けることには重要な意味があります。図2-3-3のように混合ガス中で着火すると、未燃焼ガスが移動・膨張して空気を押すので、空気中に圧力変動すなわち圧力波が発生します。この圧力波はいわば音であり音速で伝わるので、燃焼速度が音速より小さければ、圧力波が燃焼ガスより先へ先へと伝わっていきます。ところが、燃焼速度が音速より大きいと、燃焼が圧力波を追い越して進むことになり、その結果圧力波は燃焼ガス内から出られなくなって、火炎面付近に蓄積されていきます。そして、未燃焼ガスがすべて燃焼し終わると、蓄積され重なり合った圧力波が空気中へいっせいに解放されて**衝撃波**となり、爆風を伴って超音速で伝播するのです。このことから、爆轟は衝撃波を発生する爆発ということもできます。

なお、爆轟が起こるための濃度範囲として**爆轟範囲**があります。爆轟範囲はもちろん燃焼範囲内〈➡p54〉にあり、燃焼範囲より狭くなります〈図2-3-4〉。水素の爆轟範囲はほかの燃料に比べて非常に広く、この点では危険性が高いといえます。

図2-3-3　混合ガスの燃焼の概念図

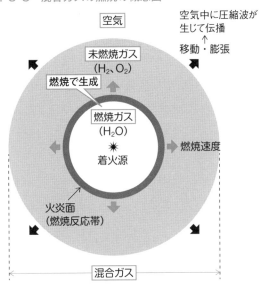

静止状態の水素と酸素の混合ガスの中心部に着火したときの燃焼のようす。静止した混合ガスに対して火炎面が伝わる速度が燃焼速度で、火炎面は未燃焼ガス中を波として伝わるので燃焼波とも呼ぶ。燃焼熱によって燃焼ガスが膨張するために未燃焼ガスも移動・膨張するので、混合ガス外の遠くから見ると、混合ガスの移動速度と燃焼速度を加算したものが火炎伝播速度になる。混合ガスの移動・膨張によって空気が押されて圧縮波が生じ、水素混合ガスは燃焼速度が非常に速いため、ほかの可燃性ガスに比べて爆轟を起こしやすい。

図2-3-4　主な燃料の爆轟範囲

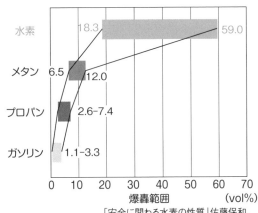

「安全に関わる水素の性質」佐藤保和、
安全工学44(6)2005ほかを参考に作成

ここで示した**爆轟範囲**は燃焼範囲〈図2-2-3〉と同じ空気との混合ガスにおける体積割合である。水素ガスはほかの可燃性ガスより爆轟範囲がかなり広く、この点では危険性が指摘されるが、下限が高いことは水素の濃度が小さいときは爆燃が生じにくいことを表す。

2-4 拡散係数と消炎距離

ここまで、可燃性ガスの燃焼におけるさまざまな物性を見てきましたが、最後に拡散速度と消炎距離を取り上げます。どちらも水素を安全に燃やすための重要な性質です。

●拡散速度を表す拡散係数

ガス漏れが起きたときなど、ガスが空気中に拡散する速さを示す指標に**拡散係数**があります。拡散係数とは、濃度差がある2種類の気体（または液体など）があるとき、拡散の速さは濃度の傾き（濃度勾配という）に比例し、その比例係数をいいます。拡散係数は単位時間当たりに単位面積を通過する物質の量と定義され、単位は「cm²/s」または「m²/s」です。

拡散係数は気体の種類や温度、圧力などで決まり、数値が大きいほど拡散速度が大きいことを示します。図2-4-1に、主な燃料の空気中における拡散係数を示しました。水素の拡散係数はほかの可燃性ガスに比べてかなり大きく、水素ガス漏れがあった場合、空気中にすばやく拡散します。

なお、水素は拡散スピードが速いため、この点では安全だという話をしました〈➡p12〉が、これは開放空間で水素ガスが漏れたときのことであって、閉鎖空間では建屋の天井付近などにたまるので要注意です。

●消炎距離は火炎が伝播しないすき間の大きさ

火炎は狭い通路を伝播しにくいことが知られています。平行板間を燃焼反応が進むとき、火炎が伝播できる最小の平行板間隔を**消炎距離**といい、細い管の場合は最小の管内直径を**消炎直径**といいます。これより狭いすき間では炎は消えてしまいます。なぜ狭い通路を炎が通れないかというと、通路や管をつくる材料が燃焼反応で発生する熱を奪ってしまうために、反応が持続できないからです。通路内の可燃性ガス濃度が燃焼範囲でも関係ありません。

消炎距離は、可燃性ガス内で電極間に火花を飛ばして着火するときにも現れます。電極間の距離を縮めていくと、ある距離までは着火エネルギーは変

わりませんが、それより短くなると急に大きなエネルギーが必要になり、ついにはどんなに強い火花を飛ばしても引火しなくなります。その距離が消炎距離で、電極によって冷やされるために燃焼反応が続かなくなるのです。このように、着火エネルギーは消炎距離と関係があり、消炎距離は最小着火エネルギーの1/2乗にほぼ比例します〈図2-4-2〉。

図2-4-1　主な燃料の空気中での拡散係数

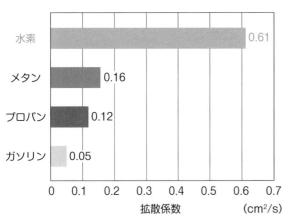

20℃、1気圧における可燃性ガスの拡散係数。ガソリンの値はガス状の場合のデータ。数値が大きいほど拡散速度が大きい。水素分子は小さくて拡散係数が大きいので、小孔からも漏れやすくなる。単位にm^2/sを使う場合は、$1cm^2/s$＝$10^{-4}m^2/s$。

エネルギー総合工学研究所のデータをもとに作成

図2-4-2　主な燃料と空気の混合ガスの消炎距離

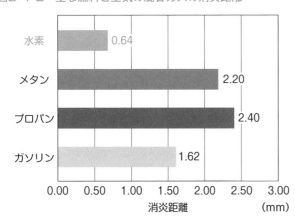

20℃、1気圧における空気との理論空燃比のデータ。ただし、ガソリンは100℃の値。可燃性ガスの火炎が供給側に伝播しないように、ガスの配管途中に消炎距離以下のすき間を設けることが多く、このようなしくみをフレームアレスター（逆火防止装置）という〈➡P70〉。とくに水素ガスの消炎距離は極めて小さいので、すき間を狭くする必要がある。

「レシプロ方式水素内燃機関の技術現状と今後」山根公高、水素エネルギーシステム31（1）2006ほかを参考に作成

水素はなぜこれまで 燃やされてこなかったのか

　いま水素を燃やすことに関心が集まっている第一の理由は、周知のとおり、水素ガスが二酸化炭素を排出しないクリーンなエネルギーだからですが、そもそもなぜこれまで水素ガスは燃料にされなかったのでしょうか。

●水素を利用するにはお金がかかる

　地球上にある水素はほぼすべてが水などの化合物の構成物として存在しており、水素分子（気体）はほとんど存在しません。そのため、水素ガスを得るにはどんな製造方法をとるにせよ、コストがかかります。水素ガスのようなほかの物質や燃料を転換・加工して得られるエネルギーを**二次エネルギー**といい、水素ガスのほかに電力や都市ガス、コークスなどがあります。それに対して、自然から直接採取して利用できるエネルギーを**一次エネルギー**といい、石油、石炭、天然ガスなどの化石燃料や、太陽光、風力、水力などの自然エネルギーがこれに当たります。

　いずれにせよ、二次エネルギーは転換・加工費用がかかり、コスト高になります。加えて、ここまで見てきたように、水素は際立った物性を持つため、それに応じた技術的対策が必要であり、さらに水素は金属内に侵入して金属を脆くする**水素脆性**という性質〈➡p162〉があるので、こうした問題にも対処する必要があります。

　しかし、水素がこれまであまり燃やされてこなかった最大の理由は、「水素は爆発しやすいので怖い」という誤った理解にあるのかもしれません。

●ヒンデンブルグ号の事故の直接原因は水素ではなかった!?

　世間に水素は怖いという印象を植え付けた歴史的事故の1つが、ヒンデンブルグ号爆発事故〈図2-5-1〉です。ヒンデンブルグ号とは、20世紀初頭にドイツのツェッペリン社が運行していた、水素ガスの浮力で浮上する飛行船です。1937年5月6日、米ニュージャー州レイクハースト海軍飛行場に着陸しようとした際、大爆発を起こして炎上、墜落しました。その原因について、

当初米独の事故調査委員会は、漏洩した水素ガスが静電気で着火し爆発したと発表しました。しかし現在では、水素ガスが直接の原因ではなく、船体の金属製骨格と酸化鉄とアルミニウム粉末を含んだ外皮塗料の間で放電が起こって外皮が燃え、それが水素ガスに燃え移ったという説が有力です。ただし、ほかにも説があり、どれが真実であるかの結論は出ていません。

図2-5-1　ヒンデンブルグ号の外観と事故の様子

①外　観

長さは245m、最大外径は41m、重量は240t（トン）、乗客定員数は72人。大西洋を2日足らずで横断できた。当初ヘリウムガスを使用する予定であったが、米政府によるヘリウム禁輸法（1937年）のために水素ガスを使用していた。

②爆発炎上事故

1937年の爆発炎上事故で乗客乗員97人中35人が死亡し、残り62人が重症を負った。また地上作業員1人が死亡した。水素ガスは燃焼速度が大きいため、船体はおよそ34秒（推定）という短時間で焼け落ちた。この事故で飛行船の水素ガス利用が中止されただけでなく、飛行船による旅客輸送そのものが衰退していった。

●福島第一原子力発電所の水素爆発事故

　水素の爆発事故で日本人に衝撃を与えたのは、2011年3月に発生した東日本大震災における福島第一原子力発電所の大爆発です。1、3、4号機の3棟の原子炉建屋が水素爆発を起こしました〈図2-5-2〉。津波による全電源喪失で炉心の冷却機能が失われ、核燃料棒の被覆管に使用されているジルコニウム（Zr）が高温状態で水蒸気と化学反応して、大量の水素ガスが生じました。それが建屋内で空気と混ざり合い、何らかのきっかけで引火し爆発したと考えられています。

　ちなみに、水素爆発と混同しやすい現象に水蒸気爆発があります。水蒸気爆発は燃焼（＝化学反応）とは関係がなく、単に気体が膨張して圧力が増し、容器や建屋を吹き飛ばす物理的な爆発現象であり、水素爆発とはまったく異なります。

●水素は新しいエネルギーではない

　一般に水素ガスは危険というイメージがあるものの、冷静に考えればそれはどんな可燃性ガスでも同じです。要は危険性を認識して取り扱うことが大切であり、水素ガスだけを特別に怖がるのは間違っています。

　じつをいえば、本項のタイトルである「水素はなぜこれまで燃やされてこなかったのか」というのはちょっと言い過ぎで、水素も燃料として安全に燃やされてきました。その例の1つが副生水素〈➡p148〉です。**副生水素**とは目的生産するのではなく、別の製品をつくるときに副次的に生じる水素のことで、たとえば鉄鋼や化学製品の製造過程で水素が生成されたりします。こうした水素は外部に流通せず、主に工場内で燃料として消費されてきたので、生産量などの実態はよくわかっていません。

　さらに、一般にはあまり知られていませんが、欧米諸国を中心に19世紀初期から水素ガスが都市ガスとして利用されていました。実際に燃やされていたのは石炭からつくられた**石炭ガス**で、主成分は水素であり、ほかにメタンや一酸化炭素などが含まれていました。日本でも1950年代までは石炭ガスが都市ガスに利用され、その後天然ガスに取って代わられるまで、水素を含んだ混合ガスが一般家庭や事業所で燃やされていたのです。つまり、水素ガスは決して新しい燃料ではなく、「帰ってきた」燃料なのです。

現在では石炭のガス化が再び脚光を浴び、研究および事業対象として注目されています〈➡p150〉。

　なお、表2-5-1にここまで紹介してきた水素の燃焼特性について簡単にまとめました。

図2-5-2　福島第一原子力発電所の水素爆発事故後の写真

出典：東京電力ホールディングス

1、3、4号機が水素爆発を起こした。2号機が水素爆発を起こさなかったのは、先に1号機が爆発しその衝撃で建屋上部のパネルが開き、そこから水素ガスが外部へ逃げたため。また4号機が水素爆発を起こした直接の原因は、配管がつながっていた3号機から水素ガスが流入したためと推定されている。

表2-5-1　水素の燃焼における特性

物　性	他燃料との比較	安全/危険	本書のページ
発熱量	単位質量当たりは高く、単位体積当たりは低い	－	p49
火炎温度	高く、加熱に有利だが、NO_x（窒素酸化物）が発生しやすい	－	p51
輻射率	小さく、類焼が起きにくく周囲への熱的影響が抑えられる	安全	p51
発火点	ガソリンと比べると高く、自然発火しにくい	安全	p53
最小着火エネルギー	非常に小さく、着火しやすい	危険	p53
燃焼範囲	非常に広く、どのような濃度の混合ガスでも燃焼しやすい	危険	p55
最大燃焼速度	非常に大きく、すぐに燃え広がる	危険	p57
爆轟範囲	非常に広く、どのような濃度の混合ガスでも爆轟を起こしやすい	危険	p59
空気中拡散係数	非常に大きく、空気中に拡散しやすい	安全	p61
空気混合ガスの消炎距離	非常に小さく、狭いすき間でも火炎が通り抜け、消火も難しい	危険	p61

各物性は燃料として利点にも欠点にもなるが、「安全/危険」の欄ではどちらかというと安全に寄与するのか、安全を危うくするのかを示した。

近年、可燃性ガスの燃焼機器を水素ガスを燃料にできるものに改良した製品が続々と登場しています。その例を見ていきましょう。

●ガスバーナーのしくみ

身近なガス燃焼機器の代表はガスバーナーです。ガスバーナーというと中学校の理科実験で使ったテクルバーナー（ブンゼンバーナー）〈図2-6-1〉を思い出す人も多いでしょう。しかし、バーナーにもさまざまな種類があり、家庭用ガスコンロや給湯器などもガスバーナーの一種です。そもそも、**バーナー**とは燃料を燃焼させて高温を得る装置の総称で、可燃性ガスを燃やすガスバーナーのほかに、液体燃料を燃やすオイルバーナー、石炭粉などを燃料とする微粉炭バーナーなどがあります。

ガスバーナーなどで燃料ガスを燃焼させるのに、あらかじめ空気や酸素などの酸化剤ガスと混合することを**予混合**といいます。ここまで「混合ガス」と表記したものは正しくは**予混合ガス**です。そして、予混合ガスを燃焼させることを**予混合燃焼**といいます。それに対して、燃料ガスと酸化剤ガスが別々にあり、その界面で燃焼が維持される場合が拡散燃焼〈➡p56〉です。テクルバーナーでいえば、空気孔をふさいでいるときは拡散燃焼で、空気を十分に取り入れたときに予混合燃焼になります。

●水素バーナーを利用していたライムライト

理科実験室のテクルバーナーではまだ水素ガスは使用されていませんが、水素ガスは都市ガス成分として古くから燃やされてきましたし〈➡p64〉、意外なところでは多くの劇場において水素バーナーが舞台照明に利用されていました。といっても、バーナーの火炎そのものを照明にしたのではなく、酸化カルシウム（生石灰）を高温加熱する熱源として使われていたのです〈図2-6-2〉。酸化カルシウムは融点が2,613℃と高いのですが、2,400℃付近から強烈な白色光を発します。これを舞台照明に用いていました。

最近の例では、東京2020オリンピック・パラリンピックで史上初めて一部の聖火トーチと聖火台に水素ガスバーナーが使われました。

なお、通常水素バーナーは別々に用意した酸素ガスと水素ガスをバーナー内で予混合して燃焼させます。酸素と水素を混合したガスを**酸水素ガス**といい、水素バーナーを**酸水素バーナー**ともいいます。

図2-6-1　テクルバーナー（ブンゼンバーナー）の構造

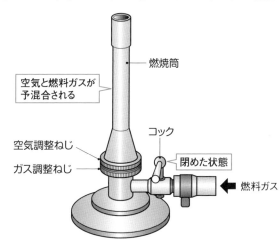

燃焼筒

空気と燃料ガスが予混合される

コック

空気調整ねじ

ガス調整ねじ

閉めた状態

燃料ガス

テクルバーナーは燃料ガスが流入する勢いで空気を吸引し、筒内で予混合気をつくって予混合燃焼を行う機器。テクルバーナーを広義的にブンゼンバーナーとも呼ぶが、テクルバーナーはブンゼンバーナーを改良して、空気量と燃料ガス量の両方を調整できるようにしたもの。「ブンゼン」「テクル」という名称は発明者であるドイツの化学者ロベルト・ブンゼン（1811-99）とルーマニアの化学者ニコラ・テクル（1839-1916）にちなむ。

図2-6-2　ライムライトの水素バーナー

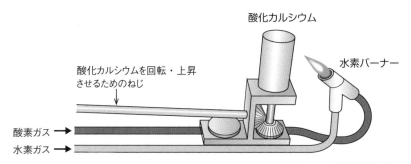

酸化カルシウム

水素バーナー

酸化カルシウムを回転・上昇させるためのねじ

酸素ガス

水素ガス

BCcampusの図を参考に作成

酸化カルシウムの固体ブロックを水素バーナーで加熱しているようす。この装置をライムライトといい、19世紀中盤に発明された。酸化カルシウムを高温で加熱すると強い白色光を発するため、かつて劇場では舞台下からこの光で照らしていた。「脚光を浴びる」という表現はここから生まれた。ライムライトは電灯が普及するまで使用された。

●煤を発生しない水素バーナー

水素バーナーの利点の1つは火炎温度が高いことです。水素と空気の混合ガスの火炎温度は2,045℃〈➡p51・図2-1-4〉ですが、酸水素炎は2,600℃を超えます。高温火炎は溶接や熱加工に有利といえます。

しかし、水素バーナーの最大の利点は二酸化炭素のみならず煤も発生しないことです（だからライムライトに適していた）。煤は燃え残った炭素微粒子であり、炭素を含む化石燃料ガスではちょっとした不完全燃焼で煤が出てしまいます。その点、水素ガスバーナーは対象物を煤で黒く汚すことなく仕上がりがきれいです。そのため、溶接機・溶断機のほか、ガラス製品・人造宝石・光ファイバーなどの製造現場で多く使用されています。

●火炎温度の高さがNO_x発生原因に

水素バーナーの利点である火炎温度の高さは、欠点でもあります。高すぎる火炎温度は燃焼筒などを過熱させてしまい危険です。しかし何よりも問題なのは、環境負荷物質のNO_x（窒素酸化物）を発生させてしまうことです。

そもそもNO_xは主として窒素化合物を含む化石燃料の燃焼によって発生し、これを**フューエルNO_x**といいます。それに対して、空気を高温で加熱することでも空気中の酸素と窒素が化合しNO_xが発生します。これを**サーマルNO_x**といいます〈図2-6-3〉。ただし、化石燃料でもガス燃料には窒素がほとんど含まれていないので、発生するのはサーマルNO_xが主になります。また、固体や液体の化石燃料を燃やすとフューエルNO_xが発生しますが、火炎によって空気が熱せられますので同時にサーマルNO_xも発生します。さらに、化石燃料の燃焼では火炎中のCH、CH_2と空気中の窒素との反応を経由して生成されるNO_xもあり、これを**プロンプトNO_x**といいます。

●NO_xの発生を抑える工夫

NO_xの低減はあらゆる燃料の燃焼に共通する課題です。水素ガスの燃焼ではサーマルNO_xの発生が問題となりますが、サーマルNO_xは火炎温度が高いほど多く発生します。燃焼の過程は非常に複雑ですが、簡単にいうと、高温で加熱されると空気中の酸素分子が原子に分解され、その酸素原子が窒素と反応することでNO_xが生成されるのです。

NOₓの発生を低減させるための対策例を図2-6-4に示しました。この例では、酸素ガスと水素ガスの予混合が速く進み過ぎないようにし、さらに燃焼させる前にあらかじめ少量の予混合ガスを燃焼（予燃焼と表現）させることによって、火炎の温度を下げて、水素バーナーを本格実用化しています。

図2-6-3　フューエルNOₓとサーマルNOₓ

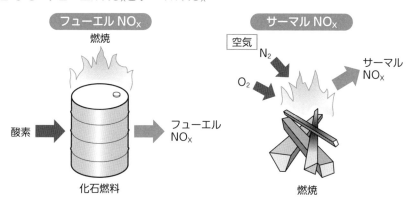

燃料ガスの燃焼によって発生するフューエルNOₓとサーマルNOₓの別は、原料である窒素の由来の違いによる。すなわち、燃料中の窒素成分を原料にしたものがフューエルNOₓ、空気中の窒素分子を原料としたものがサーマルNOₓである。水素バーナーではサーマルNOₓの発生が問題となる。

図2-6-4　サーマルNOₓの発生を低減するしくみ

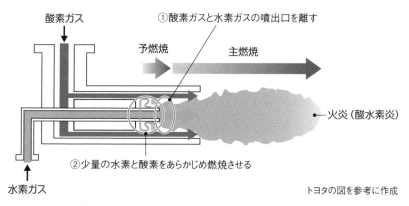

トヨタの図を参考に作成

トヨタと中外炉工業が2018年に共同開発した水素バーナーのしくみ。①従来は酸素ガスと水素ガスが十分に予混合されていたが、両ガスの噴出口を離して平行に噴出させ、予混合を不十分にする。②水素ガスのパイプに小孔を開けて少量の水素ガスと酸素ガスをあらかじめ燃焼（予燃焼と呼んでいる）させて酸素濃度を下げる。①と②によって火炎温度を下げて、NOₓの大幅低減を実現した。

水素ボイラーの安全対策

　バーナーを装着した燃焼機器にボイラーがあり、水素ガスを燃料とする水素ボイラーも実用化されています。**ボイラー**とは水をボイルして（沸騰させて）温水や水蒸気をつくる機器の総称です。オフィスビルや大病院、ショッピングセンターなどの大型施設の暖房や給湯に使用されているほか、火力発電所の心臓部であり、さらには食品加工工場でも活躍しています。

●貫流ボイラーのしくみ

　ボイラーの燃料は主として重油、灯油、都市ガス、プロパンガスなどですが、火力発電用のボイラーでは石炭も燃やされています。このうちガスボイラーでは主として都市ガスとプロパンガスが燃やされているものの、工場では水素ガスを燃料とする例も増えています。

　ガスボイラーは蒸気をつくる蒸気ボイラーと温水ボイラーに大別されます。図2-7-1は、蒸気ボイラーのうち貫流ボイラーと呼ばれるタイプのしくみを簡単に示したものです。**貫流ボイラー**は長い水管の一端から給水ポンプで水を流し、それをガスバーナーの火炎で加熱して蒸気をつくります。しかし、この貫流ボイラーで水素ガスを燃やすためには、水素ガスの特性に応じた安全対策を施す必要があります。

●逆火を防止するフレームアレスター

　水素ガスバーナーの利用で主に問題となるのはサーマルNO_x〈➡p68〉と逆火です。ここでは水素ガスを燃料とした貫流ボイラーの逆火防止装置の例を紹介します〈図2-7-2〉。

　逆火とは火炎がバーナー内へ逆流する現象をいい、「ぎゃっか」とも「さかび」とも読みます。英語では「back fire」（バックファイア）といいます。拡散燃焼の場合は心配ありませんが、酸素や空気と予混合したガスでは逆火が起こる危険性があり、ほかの可燃性ガスに比べて燃焼速度が大きい水素の場合は特別な対策が必要となります。

逆火を防止する装置を**フレームアレスター**といいます。フレーム（flame）は火炎、アレスター（arrester）は防止装置を意味します。フレームアレスターは消炎距離〈➡p60〉の原理を利用し、混合ガスの流路を狭くして、逆火の燃焼熱を奪って燃焼が続かなくなるようにします。

図2-7-1　貫流ボイラーのしくみ

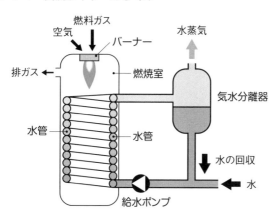

ガスバーナーを使用した貫流ボイラーのしくみ。給水ポンプで圧入された水が長い管を通る間に徐々に温度が上昇して沸騰する。その蒸気を取り出して利用する。熱効率がよく、また装置を小型化できるので、スペースに合わせて設置台数をフレキシブルに変えられる利点がある。

仙台市ガス局の図を参考に作成

図2-7-2　フレームアレスターの構造

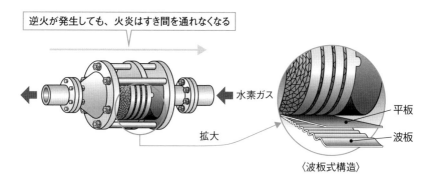

〈波板式構造〉

三浦工業ほかの図を参考に作成

水素ガスバーナーを使用したボイラーの配管に組み込まれたフレームアレスター（逆火防止装置）の例。フレームアレスターにはメッシュ（金網）を使用したものなど各種タイプがあるが、ここに示したのは波板式（クリンプリボン式）で、平板と波板の間のすき間を水素ガスが通り抜ける構造になっている。仮に逆火が発生しても、火炎はこのすき間を通過できず鎮火する。

水素エンジン車の開発史

2021年5月に開催された「NAPAC富士SUPER TEC 24時間レース」において、世界を驚かせる出来事がありました。トヨタが世界で初めて**水素エンジン車**をレースに投入し、見事完走を果たしたのです。24時間のうち、水素補給に約4時間、故障修理と点検に約8時間を費やしたため、実際にコース上を走行した時間は11時間54分。その間に富士スピードウェイを358周、距離にして1,634kmを走り抜きました。

●水素エンジン自動車の意義

水素を燃料とする自動車といえば、**燃料電池車**〈➡p120〉が先行している感がありますが、そもそも水素を燃料とした自動車の開発の歴史は、水素エンジン車のほうがずっと古いのです。

水素エンジン車と燃料電池車はカーボンニュートラルを達成するという目標は同じであるものの、水素エンジン車には雇用を守るという大義もあります。現在のガソリン車はおよそ3万点の部品からなるのに対して、構造が簡単な電気自動車の部品は約2万点です（ただし、部品の数え方による）。そのため自動車がすべて電気自動車に転換されてしまうと、国内部品メーカーの就業者約300万人のうち10％にあたる約30万人が失業するとの試算があるのです。その点、水素エンジン車は従来のガソリンエンジン車の機構を基本的に踏襲するため、部品点数がほぼ変わらず雇用が守られるのです。

●世界最初の内燃機関自動車は水素エンジン車だった

表2-8-1に、原動機と自動車の歴史をまとめました。**原動機**とはエネルギーを機械的な仕事に変える装置をいいます。いわゆる「原付バイク」はガソリンエンジンという原動機が付いた自転車のことです。

自動車の原動機の歴史は蒸気機関から始まりました。蒸気機関が車の原動機として搭載されたのは1769年のことで、フランスの軍事技術者ニコラ＝ジョゼフ・キュニョー（1725-1804）が大砲を運ぶための三輪車に取り付け

表2-8-1　原動機と自動車の歴史

年	内　容
1711	トーマス・ニューコメン (英) が蒸気機関を発明→世界初の蒸気機関
1765	ジェームズ・ワット (英) が蒸気機関を改良→世界初の実用的蒸気機関
1769	ニコラ=ジョゼフ・キュニョー (仏) が蒸気自動車 (三輪) を発明→世界初の自動車
1807	ニセフォール・ニエプス (仏) が植物の胞子の粉末を燃料とした内燃機関を発明→世界初の内燃機関
1807	フランソワ・リヴァ (瑞) が水素ガスを燃料とする内燃機関を発明 ※1→世界初の水素エンジン
1808	フランソワ・リヴァが水素エンジンで動く自動車を開発→世界初の内燃機関 (水素エンジン) 自動車
1820	ウイリアム・セシル (英) が水素エンジンを開発→世界初の「順調に動くガス機関」
1821	マイケル・ファラデー (英) が電気モーターを発明→世界初の電気モーター
1823	サミュエル・ブラウン (英) が石炭ガスを燃料とするガスエンジンを開発→世界初の実用ガスエンジン
1832 ※2	ロバート・アンダーソン (英) が電気自動車を製作→世界初の電気自動車
1842	ウイリアム・グローブ (英) が燃料電池を発明→世界初の燃料電池
1876	ニコラウス・オットー (独) がガソリンエンジンを開発→世界初の4ストローク (サイクル) エンジン
1881	ギュスターヴ・トルーヴェ (仏) が電気自動車 (三輪) を開発→世界初の蓄電池搭載車
1886	カール・ベンツ (独) がガソリンエンジン車 (三輪) を開発 ※3→世界初のガソリンエンジン車
1886	ゴットリープ・ダイムラー (独) がガソリンエンジン車を開発 ※3→世界初の四輪自動車
1895	ルドルフ・ディーゼル (独) がディーゼルエンジンを発明 ※4→世界初のディーゼルエンジン
1901	フェルディナンド・ポルシェ (墺) がハイブリッド (HV) 車を発表→世界初のHV車
1904	山羽虎夫 (日) が山羽式蒸気自動車を開発→日本初の自動車
1907	内山駒之助 (日) がガソリンエンジン車通称「タクリー号」を開発→日本初のガソリンエンジン車
1911	日本自動車(株)が電気自動車を試作→日本初の電気自動車
1924	ベンツ社とMAN社 (独) がそれぞれ独自にディーゼルエンジン車を開発 ※5→世界初のディーゼルエンジン車
1952	フランシス・ベーコン (英) が発電用燃料電池を開発→世界初の実用的な燃料電池
1967	マツダがロータリーエンジン車を実用化→世界初のロータリーエンジン車
1970	武蔵工業大学が水素ガス機関を開発 ※6→日本初の水素エンジン
1974	武蔵工業大学が水素ガス機関を搭載した自動車を開発→日本初の水素ガスエンジン車
1994	ベンツ社が燃料電池車を開発→世界初の燃料電池車
1997	トヨタがHV車「プリウス」を市場投入→世界初の量産型HV車
2001	BMW社 (独) が水素自動車を公道試験走行 ※7→世界初の水素自動車
2002	トヨタが燃料電池車「MIRAI」を販売開始 (リース販売) →世界初の市販燃料電池車
2003	水素エネルギー開発研究所(日)が新方式水素エンジン車を開発 ※8
2006	マツダが水素エンジン車「RX-8ハイドロジェンRE」を販売 ※7→世界初の水素ロータリーエンジン車
2007	BMW社が水素自動車「Hydrogen 7」を販売 ※7
2008	Ronn Motor社(米)が新方式水素エンジン車「Scorpion」を発表 ※9
2008	フレイン・エナジー(日)が新方式水素エンジン車を発表 ※9
2009	三菱自動車が電気自動車「i-MiEV」を発売→日本初の量産型電気自動車
2009	マツダがHV車「プレマシーハイドロジェンREハイブリッド」を販売 ※10→世界初のロータリーエンジンのHV車
2013	マツダが「プレマシーハイドロジェンREレンジエクステンダーEV」を発表 ※11
2021	トヨタが水素エンジンで24時間レースに参戦→水素エンジン車での世界初のレース参加
2023	BMW社が燃料電池車「iX5 Hydrogen」を発表。数量限定で製造

青色文字は水素エンジン関連の項目。発明者 (社) や発明年は諸説ある中の有力候補。同年内の項目は時系列順ではない

国の漢字表記は、英:イギリス、仏:フランス、瑞:スイス、独:ドイツ、墺:オーストリア、日:日本、米:アメリカ
※1 フランソワ・リヴァはフランス生まれのスイス人。※2 正確な年は不明。※3 ほぼ同時期。※4 ルドルフ・ディーゼルはフランス生まれのドイツ人。※5 ベンツ社は現在のダイムラー社。MAN社は独の自動車・機械メーカーでフォルクスワーゲングループ。※6 武蔵工業大学は現・東京都市大学。※7 水素・ガソリン両用のバイフューエルシステム。※8 水素の燃焼で水を蒸気にし、その圧力でエンジンを駆動。※9 ガソリンと水素の混焼。※10 水素ロータリーエンジンを発電用とし、高電圧電池とともに電気モーターを駆動。※11「プレマシーハイドロジェンRE ハイブリッド」をプラグイン化

ました。これは「**キュニョーの砲車**」と呼ばれています。

　もっとも、蒸気機関は**外燃機関**であり、内燃機関ではありません。エンジンは内燃機関と外燃機関に大別され、**内燃機関**は作動流体（仕事をする流体）を機関内部で燃焼によって発生させる機関をいいます。蒸気機関の場合は作動流体である水蒸気が燃焼で生じたわけではなく、水が外部の熱で温められて気化し膨張したものなので、外燃機関に位置付けられます。

　あまり知られていませんが、世界最初の内燃機関を積んだ車はスイスの発明家フランソワ・リヴァ（1752-1828）が開発した水素エンジン車でした〈図2-8-1〉。したがって、水素燃料の歴史〈➡p64〉と同様、水素エンジン車もまた古くから手掛けられてきた車が「帰ってきた」のだといえます。

●レシプロとロータリー

　大手自動車メーカーのうちの数社は、20世紀後半から水素エンジン研究を本格化させました。欧米ではドイツのBMW社が、日本ではマツダが主導し、水素エンジン車を公道で試験走行したり、リース販売したりするまでになりました。図2-8-2は、BMW社が2005年に開発し、2007年にリース販売した「Hydrogen 7」の構造図です。

　ほぼ同時期に販売されたマツダの「RX-8ハイドロジェンRE」とは共通する点と異なっている点の両方があります。まず、共通する点はバイフューエルシステムを採用したことです。**バイフューエル**とは文字どおり2種類の燃料を積んでどちらの燃料も使用できるシステムで、「Hydrogen 7」も「RX-8ハイドロジェンRE」も水素タンクとガソリンタンクの両方を搭載していました。しかし、その水素に違いがあり、BMW社は液体水素を、マツダは圧縮水素ガスを搭載したのです。液体水素にも圧縮水素ガスにも一長一短があり〈➡p162〉、どちらを採用するかはメーカーの判断によります。

　そして何より、両車における最大の違いは、BMW社の原動機がレシプロエンジンだったのに対して、マツダはロータリーエンジンだったことです。レシプロとは「reciprocating（レシプロケーシング）」の略で、「往復運動」を意味します。すなわち、ピストンが往復運動をすることで動力を生み出すのがレシプロエンジンです〈➡p76〉。片やロータリー（Rotary）エンジンは回転子（ローター）を回転させて動力を得ます〈➡p80〉。

もっとも、BMW社は2010年以降水素エンジン車の開発を中止し、軸足を燃料電池車に移しました。また、マツダも2023年8月現在、水素エンジン車を生産していません。しかし、水素インフラなどの条件が整えば、両社で水素エンジン車が復活する可能性はあります。

図2-8-1　リヴァの水素エンジン車

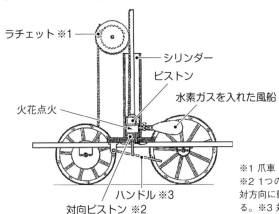

ラチェット ※1
シリンダー
ピストン
水素ガスを入れた風船
火花点火
ハンドル ※3
対向ピストン ※2

リヴァは自身が開発した水素エンジンを作業車両に取り付け、「世界最初の内燃機関を原動機とする自動車」を製作。リヴァが発明したのでデリバズエンジン（De Rivaz engine）と呼ばれる。リヴァはこの後1813年に長さが6m、重さが約1t（トン）もある大きな車両を製造した。

※1 爪車（つめぐるま）。逆回転を防止する。
※2 1つのシリンダー内を2つのピストンが反対方向に動く。空気吸入弁と排気弁を備えている。※3 対向ピストンを動かすハンドル

図2-8-2　BMW「Hydrogen 7」の構造

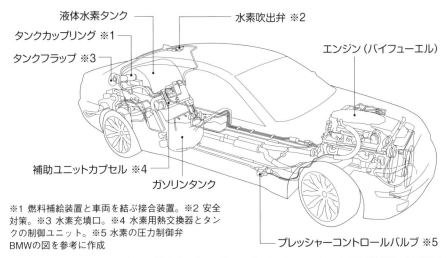

液体水素タンク
タンクカップリング ※1
タンクフラップ ※3
水素吹出弁 ※2
エンジン（バイフューエル）
補助ユニットカプセル ※4
ガソリンタンク
プレッシャーコントロールバルブ ※5

※1 燃料補給装置と車両を結ぶ接合装置。※2 安全対策。※3 水素充填口。※4 水素用熱交換器とタンクの制御ユニット。※5 水素の圧力制御弁
BMWの図を参考に作成

ガソリンを74L（リットル）、液体水素を約8kg積むことができ、スイッチで供給燃料を切り替えることが可能。液体水素タンクは後部座席とトランクスペースの間に設置された。最高時速は230km/hで、水素のみの使用で約200km、水素とガソリンを満タンにすると約650km走行できた。

水素レシプロエンジン

　自動車用水素エンジンはレシプロエンジンとロータリーエンジン〈➡p80〉に大別されますが、2022年7月現在、製造されているのはレシプロエンジン車のみです。水素エンジンの基本構造はガソリンエンジンと同じですので、既存の製造設備を用いて安価に製造できるのも利点です。とはいえ、ガソリンエンジンをそのまま転用できるわけではなく、水素ガスの物性に応じた改良や工夫が必要になります。トヨタのレース車〈➡p72〉では、フューエルインジェクション（燃料噴射装置）を水素用に取り替えました。

●4ストロークエンジンの行程

　レシプロエンジンはシリンダー内のピストンが往復運動することで動力を生み出します。その行程は、吸気→圧縮→燃焼→排気の4つで、これを1サイクルとして繰り返し動作します。1サイクルをピストンの片道4回の動き（2往復）で行うエンジンを**4ストロークエンジン**といい、ガソリンエンジンの主流となっています。4ストローク1サイクルなので、これを縮めて「4サイクルエンジン」ということもあります。水素レシプロエンジンも4ストロークエンジンが開発の中心です〈図2-9-1〉。

　なお、1サイクルを2ストローク（1往復）で行う**2ストロークエンジン**（2サイクルエンジン）もあり、かつては軽自動車やオートバイなどで広く使用されていました。しかし、排ガス対策の難しさなどで日本の自動車ではほぼ姿を消してしまいました。とはいえ、小型でも高出力を発揮するため、水素燃料での復活もあり得ます〈図2-9-2〉。

　水素レシプロエンジンの課題としては、これまで小さな出力（パワー不足）、異常燃焼、NO_Xの発生、冷却損失などが指摘されてきました。水素エンジンの燃焼方式と課題との関係を見てみましょう。

●水素エンジンの代表的な燃焼方式

　水素レシプロエンジンの着火方法には**火花着火**と**圧縮自着火**の2種類があり、

それぞれ**外部混合（予混合）燃焼**と**内部混合（直噴）燃焼**の2つの燃焼方式
があります。どちらも既存エンジンの技術をもとにしています。

①外部混合の火花着火：水素ガスと空気を吸気ポート内で予混合し、シリンダー内に投入して圧縮し点火プラグの火花で着火します〈図2-9-1〉。混合ガスの割合はふつう理論空燃比にしますが、水素のそれは約34.3〈➡ p55・図2-2-

図2-9-1　4ストローク水素エンジンの行程（外部混合の火花着火）

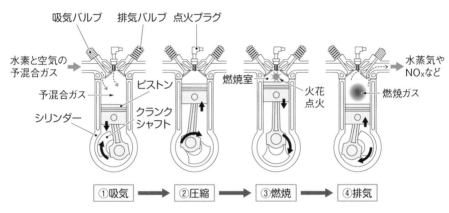

水素ガスと空気を予混合してシリンダーに入れ、圧縮して点火プラグの火花で着火・燃焼、水蒸気を主成分とする燃焼ガスを排気する。クランクシャフトは2ストロークで1回転、4ストローク（＝1サイクル）で2回転する。クランクシャフトとはピストンの往復直線運動を回転運動に変換する軸。

図2-9-2　2ストローク水素エンジンの行程（外部混合の火花着火）

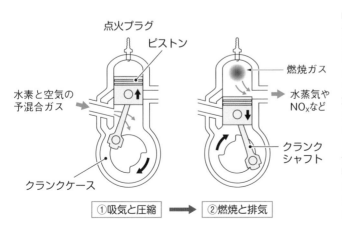

吸気と圧縮、燃焼と排気を、それぞれ同時に1ストロークで行う。したがって、2ストロークで1サイクルが完了し、クランクシャクが1回転する。つまりクランクシャフトの回転数あたりの燃焼回数が4ストロークエンジンの2倍になり、高出力となる。吸気と排気のバルブがなく、また混合気はクランクケース内に封入される。

4〉と大きい（＝混合気中の水素の絶対量が少ない）ため、パワー不足になります。これを解決するためにターボチャージャーなどの過給器を使用します。

　ノッキングなどの異常燃焼を起こしやすいことも、水素レシプロエンジンの弱点です。**ノッキング**とはエンジンから「カラカラ」という異常音や振動が発生する現象をいい、混合ガスが高温状態の排気バルブ付近などで自然発火するのが原因です。これを防ぐには、水素の混合割合を減らして燃やすリーンバーン（希薄燃焼）の手法が用いられます。リーンバーンにはNO_Xの発生を抑えたり、燃費が向上したりする効果もありますが、その反面出力が低下するので、過給器を導入するなどの対策が必要になります。

　NO_X発生量の低減には**EGR**（Exhaust Gas Recirculation）も効果があります。EGRとはエンジンの排出ガスを吸気へ環流させるしくみで、混合ガス中の酸素濃度の低下によってNO_X量が減少し、燃焼温度が下がることで水素エンジンの課題の1つである冷却損失も低減できます。**冷却損失**とは燃焼ガスの熱が燃焼室やシリンダーの壁などに奪われることをいいます。

②**内部混合の火花着火**：いわゆる直接噴射（**直噴**）エンジンのことで、水素ガスと空気を予混合せず、空気だけを吸入・圧縮した燃焼室内に水素ガスを高圧で直噴して点火します〈図2-9-3〉。技術的には難しくなりますが、外部混合方式より高出力を得ることができ、主流の方式となっています。多量の空気をシリンダー内に入れられ、リーンバーンやEGRを利用してNO_Xも低減できます。また、最適なタイミングで必要な量だけ水素ガスを投入できるため、異常燃焼を防ぎやすくなります。

　以下、開発が見込まれるその他の燃焼方式2種類を簡単に紹介します。

③**内部混合の圧縮自着火**：ディーゼルエンジンで水素を燃やす（**水素ディーゼルエンジン**）方式です。断熱圧縮されて高温になった燃焼室内の空気に水素ガスを直噴しますが、火花点火せず、自然発火させます〈図2-9-4〉。エネルギー効率が高く、ディーゼルエンジン車の人気が高い欧州で、BMW社がこの水素ディーゼルエンジン車の開発を行っていましたが、中止しました。しかし世界の研究機関や自動車関連企業で開発が続けられています。

④**外部混合の圧縮自着火**（**HCCI燃焼**）：水素ディーゼルエンジンとは異なり、水素ガスを直噴せず、水素と空気を予混合します。その混合ガスをシリンダー内で圧縮して高温にし、自然発火させます〈図2-9-5〉。予混合で均一な

（Homogeneous）混合状態を作って燃焼させることから**HCCI**（Homogeneous Charge Compression Ignition：**予混合圧縮自己着火**）**燃焼**といいます。水素ディーゼルエンジンよりさらに熱効率が高く、NO$_X$発生量も低減できます。

図2-9-3　水素直噴エンジン（内部混合の火花着火）

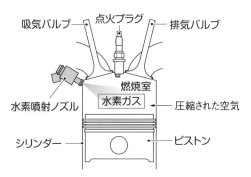

水素ガスを直噴するとき、燃焼室内の空気圧は非常に大きいので、ガソリンのような液体では問題がないものの、気体の水素はかなりの高圧で噴射しなければならない。直噴の場合、噴射するタイミングや量のほかに、噴射する角度によっても燃焼状態が変わり、NO$_X$の発生や冷却損失に影響する。

図2-9-4　水素ディーゼルエンジン（内部混合の圧縮自着火）

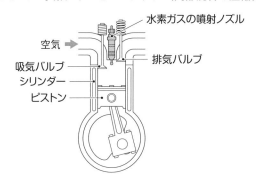

火花着火しないので、点火プラグはなく、エンジンの構造は簡単である。圧縮して高温になった空気に水素ガスを噴射すると、燃焼室のあちこちで同時多発的に自然発火が起こる。低速トルクが大きく、熱効率も高いという利点があり、大型エンジンほどその長所が発揮される。

図2-9-5　水素HCCIエンジン（外部混合の圧縮自着火）

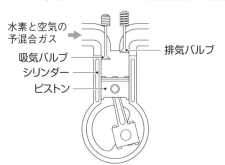

水素と空気を予混合させ、圧縮して自然発火させるので、シリンダーヘッドに点火プラグも水素ガス噴出ノズルもなく、シンプルな構造をしている。非常に優れたエンジンだが、低負荷では着火が安定せず、高負荷ではノッキングが発生するなど、運転領域が狭いという課題がある。

ロータリーエンジンはレシプロエンジンとまったく異なる構造を持ち、燃料の燃焼エネルギーを直接回転エネルギーに変換しますので、エネルギー効率からいえば原理的にレシプロエンジンより優れています。ロータリーエンジンは旧西ドイツで開発され、かつては仏シトロエン社や露VAZ（ヴォルガ自動車工場）など、世界の複数のメーカーがロータリーエンジン車を製造し、二輪車のエンジンにも使われました。しかし、ロータリーエンジン車の量産化に最も成功したのはマツダです。

●水素ロータリーエンジンの行程

マツダのロータリーエンジンは、まゆのような形状のハウジングの中で三角おむすび形のローターが回転します。レシプロエンジンのシリンダーブロックがハウジング、ピストンがローターにあたります〈図2-10-1〉。

ガソリンを燃料とする従来型のロータリーエンジンでは、ハウジングとローターの間の部屋（空間）に予混合ガスを入れて燃焼させます。燃焼の行程はレシプロエンジンと同じで、吸気→圧縮→点火・燃焼→排気を繰り返しますが、ロータリーエンジンではこれを3つの部屋で同時並行的に行います〈図2-10-2〉。つまり、ローターが1回転する間に3回の燃焼が行われるので、それだけ高出力になります。ただし、その分燃料消費も増えます。

マツダが2006年に販売した「RX-8ハイドロジェンRE」では、水素と空気を予混合せず、圧縮した空気に水素ガスを直噴する方式を採用しました。そのためエンジンに水素ガスのインジェクターが装備されました。

●水素と相性がよいロータリーエンジン

従来ロータリーエンジンは、燃費の悪さと冷却損失の大きさが課題とされてきました。その原因として燃焼室が細長く、しかも移動しながらの燃焼であることが指摘されてきました。ガソリンを完全に燃やしきれず、また燃焼熱がハウジングの壁に逃げてしまうのです。しかし水素を燃料としたとき、

それらの欠点が利点に変わります。燃焼室が移動して温度が低下することがNOₓの発生を抑え、異常燃焼を防ぐからで、以前からロータリーエンジンは水素燃料向きだといわれてきました。異常燃焼は高温状態にある排気バルブなどに未燃焼の混合ガスが触れることで起こりますが、ロータリーエンジンにはそもそも構造上吸排気バルブがないのです。

図2-10-1　マツダの水素ロータリーエンジンの構造

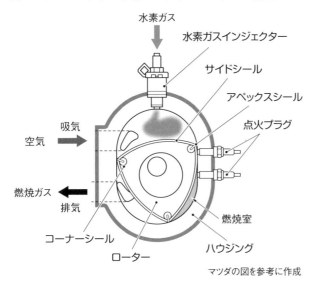

ガソリン仕様のロータリーエンジンに水素ガスのインジェクターを設けて直噴する。レシプロエンジンではシリンダーヘッドの狭いすき間にインジェクターを取り付けるのはひと苦労だが、ロータリーエンジンでは面積に余裕がある。ローターとハウジングの間に3つのすき間（部屋）があり、ローターが回転することでガスが移動し、下図の燃焼行程を繰り返す。シール類は各部屋からのガス漏れを防ぐなどの役目をする。点火プラグが2つあるのは、燃焼室が細長く、しかも移動するので混合ガスが不完全燃焼するのを防ぐためである。

図2-10-2　水素ロータリーエンジンの燃焼行程

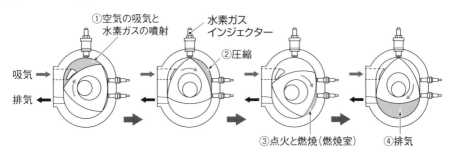

①吸入された空気に水素ガスを噴射し、②圧縮、その混合ガスを③点火プラグで火花着火し燃焼させ、燃焼ガスを④排気する。このようにローターが回転するのに応じてガスが入った部屋の形状と役割が変わる。ローターが1回転する間に①〜④の行程が各部屋で3回連続的に繰り返される。燃焼室と排気ポートが別の部屋に分かれているので異常燃焼しにくい。

2-11 ハイブリッド水素自動車

　エンジンと電動モーターの2つの動力源を搭載するハイブリッド車は、現在次の3種類に大別するのが一般的です〈図2-11-1〉。「ハイブリッド」とは「雑種」の意味です。

①**シリーズ方式**：エンジンを発電用としてのみ用い、エンジンで発電機を回して発電した電力でモーターを駆動し走行する方式。電気自動車（EV）に近いといえます。日産の「e-POWER」などが搭載しています。

②**パラレル方式**：エンジンでの走行を基本とし、始動時や加速時にモーターがアシストします。ホンダの「フィット・ハイブリッド」などが搭載し、モーターのみの走行も可能なモデルもあります。

③**スプリット方式（シリーズ・パラレル方式）**：エンジンの動力をスプリット（分割）して駆動軸と発電機に振り分けて走行する方式。エンジンのみでもモーターのみでも、両方を作動させて走ることもできます。トヨタの「プリウス」などが搭載しています。

●動力源と燃料のハイブリッド水素自動車

　マツダが2009年に販売した「プレマシーハイドロジェンREハイブリッド」は、水素ロータリーエンジンを発電用としてのみ用い、モーターで走行するシリーズ・ハイブリッド車です。ガソリンを燃料とするシリーズ・ハイブリッド車にはレシプロエンジンを発電用に搭載するモデルが数多くありますが、小型で軽量のロータリーエンジンのほうが乗用車向きといえます。

　2種類の動力源ではなく2種類の燃料を使用する、いわば燃料ハイブリッド車もあります。「プレマシーハイドロジェンREハイブリッド」や「RX-8ハイドロジェンRE」は、水素とガソリンの両方を積み、どちらかに切り替えて走行できるバイフューエルシステム〈➡p74〉を採用しています〈図2-11-2〉。

　水素エンジン車が**バイフューエル**システムを採用するのは、水素ガスが単位体積当たりの発熱量が小さい「かさばる」燃料なので、搭載できる量が少なく、航続距離が短いからです。それを補うためのガソリンです。その点で

いえば、水素エンジンは大きな水素タンクを搭載できる大型バスやトラック、あるいは船舶などの動力源に適しているといえます。

　なお、燃料ハイブリッドには2種類の燃料を積んで混合して燃焼させる（混焼）方法もあり、これを**デュアルフューエル**といいます。ただし、「バイフューエル」と「デュアルフューエル」の用語の使い分けは厳密ではありません。

図2-11-1　代表的なハイブリッド方式

①シリーズ方式

エンジンは発電用に使用し、モーターで走行

②パラレル方式

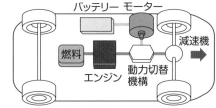

基本的にエンジンで走行し、モーターは補助役

③スプリット方式（シリーズ・パラレル方式）

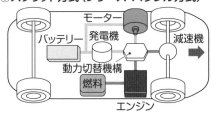

エンジンでもモーターでも両方でも走行可能

マツダ「プレマシーハイドロジェンREハイブリッド」（図2-11-2）では、①のシリーズ方式を採用。発進時にはバッテリーの電気で、走行時は水素ロータリーエンジンで発電してモーターを駆動する。また加速時は発電とバッテリーの両方の電気を使い、減速時はモーターを発電機として用いてバッテリーを充電する。

図2-11-2　マツダ「プレマシーハイドロジェンREハイブリッド」の車両レイアウト

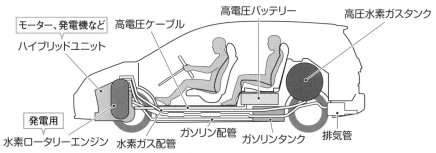

「マツダにおける水素エンジン車の開発」柏木章宏・瀬尾宣英、水素エネルギーシステム 34（2）2009 の図を参考に作成

シリーズ・ハイブリッド＆水素とガソリンのバイフューエルシステム。水素ロータリーエンジンはガソリンでも駆動し、燃料の切り替えは任意に行える。走行中に水素がガス欠になったときや水素燃料系に何らかの異常が発生した場合は、自動的にガソリンに切り替わる。

水素でつくる e-fuel

　水素を活用した新しい燃料**e-fuel**（**イーフューエル**）が注目されています。脱炭素社会を標榜する欧州は、従来のエンジン車を全面的に電気自動車に置き換えることを目指していました。しかし、電気自動車とその心臓である二次電池（蓄電池）の技術と量産体制でアジア勢に後れを取っているため、近年水素利用に力を入れ始めています。その1つがe-fuelです。

●カーボンニュートラルを実現するe-fuel

　e-fuelとはグリーン水素を用いた**合成燃料**のことです。合成燃料とは水素と二酸化炭素（以下CO_2）を化合させてできる炭化水素系燃料をいい、このうちグリーン水素を用いた合成燃料をとくにe-fuelと呼んでいます。eは英語の「electro」（電気）あるいはドイツ語の「Erneuerbarer Strom」（再生可能エネルギーで発電した電気）の頭文字とされています。

　なお環境分野では、水素は製造過程でCO_2が排出されるかどうかで区別され、それぞれに色の名前（愛称）が付けられています〈➡p153〉。

①**グリーン水素**：再生可能エネルギーを用いて水を電気分解し、CO_2を排出せずに製造した水素。

②**ブルー水素**：化石燃料を用いるがCO_2の排出を抑えて製造した水素。

③**グレー水素**：化石燃料を用いてCO_2を排出して製造した水素。

　e-fuelを燃やすとCO_2が発生しますが、もともとグリーン水素とCO_2でつくられた燃料なので、差し引きゼロのカーボンニュートラルになります。

　e-fuelには気体燃料と液体燃料があります〈図2-12-1〉。e-fuelは化石燃料と同様に使用できるため、基本的に既存のエンジンや輸送・給油インフラをそのまま使用でき、化石燃料に頼らずに済みます。欧州の自動車メーカーは得意のディーゼルエンジンでe-fuelを燃やす戦略だといわれています。

　カーボンニュートラル燃料には植物からつくるバイオ燃料もありますが、e-fuelはバイオ燃料に比べて短時間で、しかも工業的に生産できるメリットがあります。ただ、生産コストが高いのが課題で、化石燃料に比べて現状で

は数倍から10倍のコストがかかるといわれています。

　図2-12-2に、水素とCO₂からe-fuelのメタン（CH₄）がつくられ、CO₂が循環するようすを示しました。e-fuelのメタンをつくる技術を**メタネーション**（Methanation）といいます。

図2-12-1　e-fuelの種類

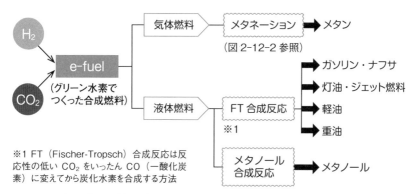

※1 FT（Fischer-Tropsch）合成反応は反応性の低い CO₂ をいったん CO（一酸化炭素）に変えてから炭化水素を合成する方法

e-fuelにはさまざまな種類の炭化水素があり、カーボンニュートラルを実現するだけでなく、化石燃料と違って硫黄や重金属などの有害成分をほとんど含まないという利点もある。e-fuelをそのまま燃料として燃やしたり、化石燃料と混ぜて燃やしたりすることもできる。

図2-12-2　メタネーションと炭素の循環

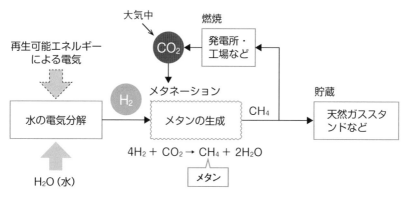

$$4H_2 + CO_2 \rightarrow CH_4 + 2H_2O$$

メタン（CH₄）は天然ガスや都市ガスの主成分であり、天然ガスを燃料とする自動車も普及している。これをe-fuelで代替することで二酸化炭素の排出を抑えることができる。e-fuelの原料となるCO₂は火力発電所や工場から排出されるものを回収することが想定されているが、空気中から直接CO₂を分離・回収するDAC（Direct Air Capture）技術の研究開発も進められている。

　火力発電は、燃料を燃やし、発生する熱エネルギーを利用して電気をつくる発電方法です。火力発電は燃やす燃料の量を加減することで発電量を容易に調整でき、日本における主要電源の1つになっています。といっても、火力発電にもさまざまな方式があり、発電規模もいろいろです。

　火力発電は外燃機関型と内燃機関型および両者を結合させた複合型に分けられ、外燃機関型には汽力発電、内燃機関型には内燃力発電とガスタービン発電、複合型にはコンバインドサイクル発電〈➡p90〉などがあります。どの方式においても水素を燃料とする試みが進んでいます。

●汽力発電は火力発電の主流方式

　汽力発電では、燃料をボイラーで燃やして水を沸騰させ、発生した水蒸気で**蒸気タービン**を回転させます。そして、そのタービンの回転で発電機を回して発電します〈図2-13-1〉。汽力とは蒸気の力のことで、汽力発電システムは外燃機関であり、作動流体は水蒸気になります。

　汽力発電は数十万〜100万kWの大型火力発電所では最もベーシックな発電方式で、過去から現在に到るまで長く日本の電気を支えています。燃料には石炭、重油、天然ガスなどさまざまなものが使用されており、これらに水素を混ぜた水素混焼発電も行われています。ただ、水素のみを燃料とした大規模な水素専焼発電はコスト的に難しいため、将来的課題です。

●エンジンで発電する内燃力発電

　内燃力発電は、内燃機関（エンジン）の動力で発電機を回して発電する方式です。マツダが「プレマシーハイドロジェンRE ハイブリッド」で水素ロータリーエンジンを発電用に用いたのもこの例です〈➡p82〉。自動車エンジンの発電力は非常に小さいものの、大規模施設や離島などでは数千kW級の大出力水素エンジン発電システムの運用が始まっています。水素エンジンには水素専焼タイプと水素混焼（デュアルフューエル）タイプがあり、混焼のほ

うが技術的に難しいとされています。

　内燃力発電は現在ディーゼルエンジンを用いたシステムが主流ですが、水素を燃料とした**PCC燃焼**〈図2-13-2〉のような新しい燃焼技術が続々と開発されています。PCCは「Plume Ignition and Combustion Concept」の略で、日本語では**過濃混合気点火燃焼**といいます。PCC燃焼は燃焼室内に

図2-13-1　水素混焼汽力発電のしくみ

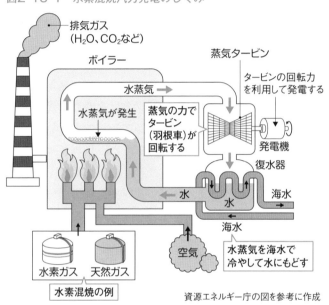

汽力発電は水を沸騰させ、発生した水蒸気で蒸気タービンを回して発電する方式。作動流体の水蒸気は復水器で冷却し、水にもどして再利用する。水素を他燃料と混焼させることで、二酸化炭素の発生量を抑えることができる。

資源エネルギー庁の図を参考に作成

図2-13-2　PCC燃焼のイメージ

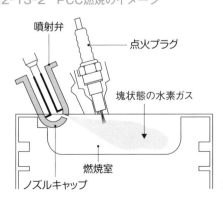

PCC燃焼は東京都市大学が提唱した燃焼方式。水素の直噴エンジンで、燃焼室に噴射した水素ガスが燃焼室内に拡散する前の塊（Plume）状態のときに燃焼させる。これにより燃焼室の壁面近くでの燃焼を減らし、冷却損失を低減することができる。

NEDOの図を参考に作成

直噴した水素ガスが拡散する前の状態のときに点火する方法で、火炎が壁面に衝突するのを防いで冷却損失を減らします。これに過給器やEGR〈➡p78〉などを併用し、高出力・高熱効率・低NO$_x$・逆火なしを実現します。

●ガスタービンは内燃機関

ガスタービン発電は内燃力発電の一種で、灯油、軽油、天然ガスなどを燃焼して生じた燃焼ガスでタービン（羽根車）を回転させ、その回転力で発電機を回して発電します〈図2-13-3〉。同じ大きさの水素エンジンより大出力を得られ、装置を小型化でき安価に製造できます。また、汽力発電に比べて短時間で始動・停止を実行でき、電力需要に機敏に対応可能なので、電力需要のピーク時電源としても利用されています。なぜガスタービン発電が内燃力発電なのかというと、ガスタービンは蒸気タービンとは異なり、燃焼室を備えた歴とした内燃機関であるからで、**ガスタービンエンジン**ともいいます。

水素と天然ガスを混焼させるガスタービン火力発電所が、世界各地に建設されています。水素専焼においても、2018年にNEDO（新エネルギー・産業技術総合開発機構）と川崎重工業および大林組が共同で、神戸ポートアイランドにおいて世界で初めて1,000kW級発電実証プラントによる市街地への電力供給を実現しました。液化水素を燃料とし、気化させて燃やします。

このプラントでは新規に施設を建設せず、既存のガスタービン発電設備のうち燃料供給系を別にし、燃焼室を水素用に改良したガスタービン（天然ガスと水素の混焼にも対応）を使用して大幅なコストダウンを図りました。

なお、ガスタービンエンジンの燃焼ガスを発電機を回すのに使うのではなく、超音速に加速して噴射し、その反動で飛んでいるのが**ジェット機**です。

●ウェット燃焼とドライ燃焼

上記の神戸ポートアイランドの実証プラントでは当初、水素の火炎温度が高くNO$_x$が発生しやすいので、火炎の高温部に液体の水を霧状に噴射して火炎温度を下げていました。これを**ウェット燃焼**といいます。しかしウェット燃焼ではみすみす熱効率が下がってしまいます。

そこで川崎重工業が2020年から採用したのが**マイクロミックス燃焼**という方式です。マイクロミックス燃焼は2000年代にドイツで提案された、極

細ノズルを数千個使って燃料を噴射する方式で、川崎重工業は直径1mm以下の微小な孔の集まりから水素ガスを噴射して燃焼させました〈図2-13-4〉。この方式により1つ1つの水素火炎が細く短くなり、結果的に燃焼室内の高温領域が狭くなって、NO_xの発生量をかなり低減できました。マイクロミックス燃焼は水や水蒸気で冷やすことを行わないので**ドライ燃焼**と呼ばれています。

図2-13-3 水素ガスタービンの原理

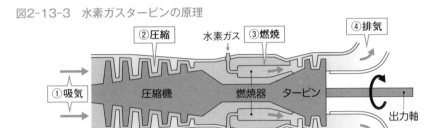

川崎重工業の図を参考に作成

ガスタービンは主に、圧縮機、燃焼器、タービンの3つの要素からなる内燃機関（ガスタービンエンジン）で、自動車エンジンと同様に4つの行程〈➡p76〉があり、①空気を吸い込み、②空気を圧縮機で圧縮し、③燃焼器で圧縮空気に水素ガスを噴射して点火・燃焼させ、④高温高圧の燃焼ガスでタービンを回して排気する。タービンの回転は発電機を回すとともに、圧縮機の回転にも使われる。

図2-13-4 マイクロミックス燃焼バーナーの構造

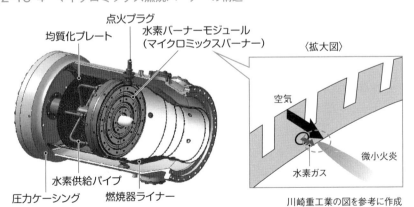

川崎重工業の図を参考に作成

円盤状の水素バーナーモジュールには、多数の微細な空気孔と水素ノズルが同心円状に交互に配置されており、コンプレッサーで圧縮された高圧の空気と水素ガスが孔から噴射されて混合、燃焼する。水素ノズルは数千個ある。燃焼による水素火炎は非常に小さいため高温部が狭くなり、結果的にNO_xが低減する。

2 -14 水素火力発電②コンバインドサイクル

　近年、大規模な火力発電所に導入されているのが**コンバインドサイクル発電**です。コンバインド（combined）とは「結合された」という意味で、ガスタービンコンバインドサイクル発電（以下、コンバインドサイクル）はガスタービン発電と汽力発電の両方を組み合わせた発電方法です。

●水素コンバインドサイクル

　従来のガスタービン発電では、タービンを回した後の高温の燃焼ガスを捨てていましたが、熱をただ廃棄するのはもったいないと考えて、排熱で水を沸かして汽力発電を行うのがコンバインドサイクルです。〈図2-14-1〉。1回の燃焼でガスタービンと蒸気タービンの両方で発電するので、エネルギー効率が高く、大出力が可能です。近年、新規の大型ガス火力発電所のほとんどがコンバインドサイクルを採用しています。

　コンバインドサイクルで水素を燃料とした場合、燃焼ガスには水蒸気が含まれ、蒸気タービンを回す作動流体も水蒸気です。しかし、ガスタービンを回した燃焼ガスをそのまま蒸気タービンに吹きつけても、ガスタービンを回した仕事や冷却損失などでエネルギーを失っているので、十分に発電できません。そのために汽力発電を組み入れているのです。

　ちなみに、前出の神戸ポートアイランドにおける水素専焼発電の実証プラント〈➡p88〉では**コジェネレーション**（Cogeneration）が採用されました。コンバインドサイクルと同様コジェネレーションも広く普及しているシステムで、ガスタービンの排熱を利用して水を温め、近隣の病院等に温水・蒸気を同時に供給します〈図2-14-2〉。つまり、コンバインドサイクルは2段階の発電システム、コジェネレーションは熱と電気を供給するシステムです。

●トリプルコンバインドサイクル

　コンバインドサイクルの発展型として、**トリプルコンバインドサイクル**の開発が進んでいます。これは名前のとおり3段階の発電システムで、**固体酸**

化物形燃料電池（**SOFC**：Solid Oxide Fuel Cell）〈➡p118〉というタイプの燃料電池を最上流に配置します。そして、最初に水素を燃料としてSOFCで発電、このときSOFCが高温で作動するのでその熱も利用し、新たに水素を補充してガスタービン発電→蒸気タービン発電へと進みます。実用化されれば極めてエネルギー効率の高い発電システムになります。

図2-14-1　水素コンバインドサイクル発電の原理

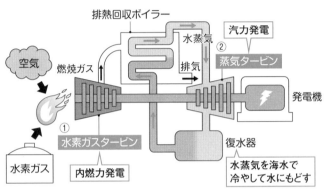

①水素と空気を燃焼させて水素ガスタービンで発電する（ガスタービン発電＝内燃力発電）。燃焼ガスの排熱を利用してボイラーで水を沸騰させ水蒸気をつくり、②蒸気タービンを回して発電する（汽力発電）。一度の燃焼で内燃力と汽力の二重に発電するのでエネルギー効率が高い。

東北電力の図を参考に作成

図2-14-2　水素コジェネレーションの例

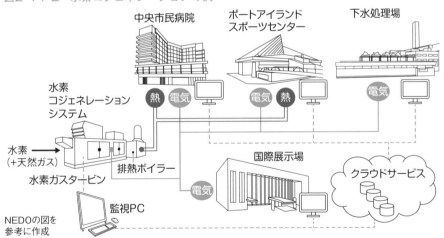

NEDOの図を参考に作成

神戸ポートアイランドの水素専焼発電実証プラントの例。水素ガスタービンで発電したあとの排ガスの熱を回収して水を加熱し、電気とともに温水や水蒸気を近隣施設に供給する。コジェネレーションの「Co」は「共同の」を意味する接頭辞であり、「generation」はこの場合「生成、発生」という意味。コジェネレーションは「熱電供給」と訳されることが多い。

2・水素の燃焼エネルギー

H-ⅡA ロケットは水素で飛ぶ

　打ち上げロケットは燃料の形態によって**液体燃料ロケット**（以下、液体ロケット）と**固体燃料ロケット**（以下、固体ロケット）に大別されます。日本が運用中の打ち上げロケットのうち、液体ロケットはH-ⅡAとH-ⅡB〈図2-15-1〉、および後継機のH3です。これらの燃料は液体水素であり、名称の「H」は「Hydrogen」の頭文字です。酸化剤として液体酸素を搭載し、水素と酸素を爆発的に燃焼させます。燃料と酸化剤を合わせて**推進剤**といいます。酸化剤を積んでいるので、空気のない宇宙空間でも推進剤は燃焼します。図2-15-2にH-ⅡAとH-ⅡBロケットの燃焼システムを示しました。

　一方、固体ロケットにはイプシロンがあります。固体推進剤はいわば火薬で、固体燃料と酸化剤を混ぜて固め、これを**グレイン**といいます。液体ロケットにしても固体ロケットにしても、そもそもロケットエンジンは推進剤を燃焼させて生じた燃焼ガスを後方に噴射し、その反動で推進します（**作用反作用の法則**または**運動量保存の法則**）。

　極低温の液体水素を燃料とする液体ロケットに比べて、固体推進剤は扱いが容易で、常温で保存でき、ロケットの構造も簡単です。さらに、同じサイズで比べれば液体ロケットより大きな**推力**（＝推進力）が出ます。しかしその半面、ロケットを大型化するには液体ロケットより高いコストがかかるため、固体ロケットは小型にして小さな人工衛星を打ち上げるのに用い、液体ロケットは大型化して大きな衛星を打ち上げるのに使用するという使い分けがされています。ただし、H-ⅡAやH-ⅡBの第1段ロケットに装備されている補助推進装置（ブースター）には固体推進剤が使われています。

●打ち上げ能力の決め手は推力と比推力

　ロケットを打ち上げるためには大きな推力が必要ですが、推力が大きいだけでは打ち上げには不十分で、その推力を大気圏を脱出するまで持続しなければなりません。それを表す指標を**比推力**といい、1kgの推進剤が1kg重の推力を出し続ける時間（単位は秒）で表されます。つまり「燃費」に該当し、

数値が大きいほど「燃費」がよい推進剤になります。

　一般に、液体推進剤のほうが固体推進剤より比推力が大きく、液体推進剤の中でも排出ガスの分子量が小さいほど、また温度が高いほど、比推力が大きくなります。現在実用化されている推進剤では、液体水素と液体酸素の組み合わせが最大の比推力を持ちます。

図2-15-1　固体ロケットと液体ロケット

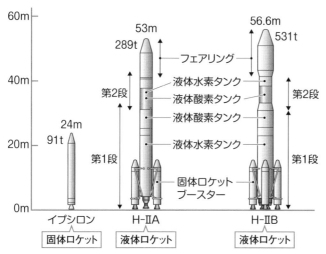

宇宙航空研究開発機構（JAXA）の図を参考に作成

固体ロケットのイプシロンに比べて、液体ロケットのH-ⅡAとH-ⅡBはかなり大きく、大型人工衛星などの重い荷物（ペイロードという）を宇宙に運ぶ能力が高い。H-ⅡAとH-ⅡBは第1段ロケットと第2段ロケットからなり、それぞれ液体水素タンクと液体酸素タンクを積んでいる。打ち上げのときに立ち昇る白い煙は、液体推進剤の燃焼によって生じた水蒸気が凝結した水滴である。

図2-15-2　液体ロケットの燃焼システム

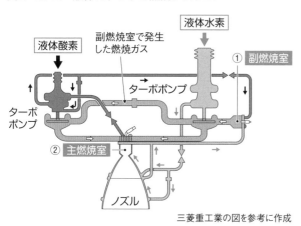

三菱重工業の図を参考に作成

H-ⅡAとH-ⅡBの1段目に搭載されているLE-7Aエンジンの**2段燃焼サイクル**の概略図。まず少量の液体水素と液体酸素を①副燃焼室（予燃焼室）で燃焼し、その燃焼ガスでターボポンプを駆動。この燃焼ガスと、ターボポンプで汲み出した液体水素と液体酸素を②主燃焼室に送り燃焼。その燃焼ガスをノズルから噴出し推力を得る。なお、液体水素が主燃焼室とノズルの周囲を回っているのは液体水素の極低温を利用して冷却するためである。

⚠ 水素社会② ゴルゴ13が狙撃した水素自動車

『ゴルゴ13』とは、漫画家さいとうたかを（1936-2021）による人気ハードボイルド作品シリーズである。主人公のゴルゴ13はデューク東郷と名乗るが、本名や年齢、出身地、国籍はすべて不詳。しかし、引き受けた仕事は必ずやり遂げることでその名が世界中の裏社会に知られる、冷徹無比の超人的スナイパー（狙撃手）である。物語は、どれもそのときどきの国際情勢に応じて世界のあらゆる場所で展開し、スケールが大きく、臨場感にあふれている。

そんなゴルゴ13が、1997年に発表された「ゼロ・エミッション　排ガスゼロ」編で撃ち抜いたのは、日本人技術者が開発した水素自動車だった。25年以上も前の作品なので、少々のネタバレも許されるとしてサマリーを紹介すると、日本の大手自動車会社の技術者が水素エンジンの開発が認められなかったことから会社を辞め、独立して開発を進め完成させた。それをフランスの自動車会社に売り込むことに成功し、世界中のマスコミを集めてデモンストレーション走行をすることになった。当日、水素自動車はガソリン車に引けを取らない加速力を見せ、ぐんぐん速度を上げて時速が240kmに達したとき、ゴルゴ13のライフルが火を噴いた。放たれた弾丸は水素自動車を貫き、車体は大爆破を起こした。それをマスコミは「水素爆発だ！」と叫んで、生中継で世界に伝えた。これで水素自動車の市場投入は当面不可能になってしまったのだった。

ところで、いったい誰がゴルゴ13に狙撃を依頼したのか。作品中では国際石油資本、いわゆる石油メジャーが首謀者であることを匂わせており、読者としては「さもありなん」とうなずいたことだろう。

さて、1997年といえば、マツダが水素ロータリーエンジン車の開発に邁進していた頃である。世界的には将来石油が枯渇するのではないかと心配される一方、自動車の排気ガスによる環境汚染が強く懸念されていた時期でもある。また、温室効果ガスの排出を抑制し地球温暖化を防止するための「気候変動枠組み条約」が発効したのは1994年である。

さいとうたかをは、こうした国際情勢からストーリーを創作したのだろう。そして、近い将来「水素自動車ひいては水素社会が来る」ことを確信していたに違いない。

第3章

水素イオンが運ぶ
電気エネルギー

水素はイオンになって、電気エネルギーを運ぶこともできます。
私たちの最も身近にある安価な乾電池（マンガン乾電池）でも、
電解質中で水素イオンが電気を運びます。
そして、今後ますます普及拡大が見込まれているのが燃料電池です。
燃料電池は水素と酸素で発電し、乾電池などの通常電池と違って、
外部から水素を供給することで、いつまでも連続発電できます。
通常電池、燃料電池の棲み分けとこれからの可能性を実感してください。

3 -1 乾電池で理解する電池の原理

　「電池を制する者は世界を制す」といわれるほど、世界中で開発競争が激化しているのが電池です。電池は電気を取り出す原理から化学電池と物理電池に大別されます。化学電池には一次電池、二次電池、燃料電池があり、**物理電池**には太陽電池（光電池、ソーラーパネル）、原子力電池、熱電池などがあります。原子力電池は核分裂エネルギーを電気エネルギーに変換する装置で、宇宙空間などの特殊な用途で使用されています。また熱電池は異なる2種類の金属を接続して温度を与えることで電気を生み出します。なお、ほかにも生体の酵素や微生物のはたらきを利用して発電する生物電池（バイオ電池）もありますが、これは広い意味で化学電池の一種といえます。

●化学電池の基本要素
　最も身近な電池といえば、乾電池やコイン電池などの**化学電池**です。化学電池は化学反応（**酸化還元反応**）によって発電する装置で、水素イオンがプラスの電気を運んでいるものが数多くあります。
　化学電池の主な構成要素は正負の**電極**と活物質、電解質、そしてセパレータです。**活物質**とは酸化還元反応に直接かかわる物質をいい、電極が活物質の場合もあります。また、**電解質**とは溶媒に溶かしたときに陽イオンと陰イオンに電離する物質をいいますが、電離したイオンを含む溶液（**電解質溶液、電解液**）を電解質と呼ぶこともあります。**セパレータ**は正極と負極の電解質を分ける隔壁です。
　化学電池のうち、乾電池のように一度だけの使い切りタイプの電池を**一次電池**といい、充電すれば何度でも使える電池を**二次電池**または**蓄電池**といいます（燃料電池についてはp108でくわしく紹介します）。

●マンガン乾電池は一次電池
　マンガン乾電池（マンガン電池）は100円ショップ等でも販売されている安価な一次電池です。負極および負極活物質に亜鉛、正極に炭素棒、正極活

物質に二酸化マンガン、電解質に塩化亜鉛溶液などを用いています。

　マンガン乾電池は金属ジャケット（金属製外装缶）の内側に絶縁体が巻かれ、その内側に負極の役割をする亜鉛ケースが納まっています。そして、亜鉛ケースの中に、電解質の塩化亜鉛溶液を合成のりで固めて含ませたセパレータをはさんで、正極活物質の二酸化マンガンと塩化亜鉛溶液を混合したペーストが詰められ、中心に炭素棒電極が差し込まれています〈図3-1-1〉。

図3-1-1　マンガン乾電池の構造

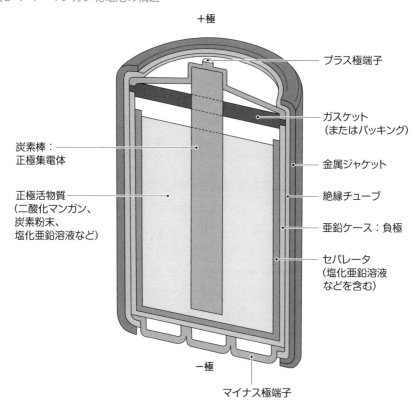

＋極

プラス極端子

ガスケット
（またはパッキング）

金属ジャケット

絶縁チューブ

亜鉛ケース：負極

セパレータ
（塩化亜鉛溶液
などを含む）

炭素棒：
正極集電体

正極活物質
（二酸化マンガン、
炭素粉末、
塩化亜鉛溶液など）

一極

マイナス極端子

『最新二次電池が一番わかる』（白石拓著、技術評論社）から引用（以下図3-3-2まで同様）

正極の炭素棒は化学反応には関係せず、正極活物質と密着して電子の通り道の役割だけを担っており、このような電極を集電体という。その集電体の上にボタン状の突起がついていて、これが正極の端子である。正極活物質に炭素粉末が混ぜ込まれているのは、二酸化マンガンの導電性の低さを補うためである。

なお、マンガン乾電池には電解質に塩化アンモニウム溶液、または塩化亜鉛と塩化アンモニウムの両方の溶液を用いた製品もあります。ここでは塩化亜鉛溶液だけを用いたものを扱います。

　ちなみに、電解液をペースト状にしたり、紙や布に含ませて液漏れしないようにした一次電池を「乾いた電池」という意味で**乾電池**といいます。それに対して、電解液を液体のまま使用している電池を**湿電池**といいます。

●酸化と還元の定義

　化学電池では負極で酸化反応、正極で還元反応が起こります。**酸化**とは一義的には物質が酸素と化合する反応、**還元**はその逆で物質から酸素が失われる反応をいいます。ただし、その定義は酸素をやり取りしない反応にまで拡張され、水素を失う反応は酸化、水素と化合する反応は還元になります。さらに酸素や水素のやり取りがなくても、電子を失う反応は酸化、電子を受け取る反応は還元とされます。酸化と還元は必ずセットで起こります。

●電池式の書き方

　化学電池の構造を表した式を**電池式**といい、マンガン乾電池の電池式は次のように表されます。

《電池式》$(-) Zn | ZnCl_2 | MnO_2 \cdot C (+)$

　このように、電池式では左側に負極（活物質）、中央に電解質、右側に正極（活物質）を書きます。正極の最後についている「C」は、炭素が正極の集電体として用いられていることを示しています。電池式に水素は出てきませんが、水素イオンは亜鉛の溶解によって生じます。

●マンガン乾電池の電極で起こる化学反応

　図3-1-2に、マンガン乾電池の正極と負極で起こる化学反応と水素イオンの移動を示しました。

　まず、負極では電極であり活物質でもある亜鉛（Zn）が溶け出して亜鉛イオン（Zn^{2+}）になり、電子（e^-）が亜鉛ケースに残ります。亜鉛イオンは水と反応して水酸化亜鉛（$Zn(OH)_2$）と水素イオン（H^+）が生じ、水酸化亜鉛と電解質の塩化亜鉛（$ZnCl_2$）が反応して塩基性塩化亜鉛（$ZnCl_2 \cdot 4Zn(OH)_2$）が沈

殿し、水素イオンは電解質中を正極へ移動します。一方、亜鉛ケースに残った電子は外部回路を通って仕事をし、正極へ移動して、活物質の二酸化マンガン（MnO_2）および水素イオンと結合して水酸化酸化マンガン（$MnOOH$）が生成されます。以上より、マンガン乾電池で起こる化学反応を整理すると、

$$4Zn + ZnCl_2 + 8H_2O + 8MnO_2 \rightarrow ZnCl_2 \cdot 4Zn(OH)_2 + 8MnOOH$$

図3-1-2　マンガン乾電池の化学反応

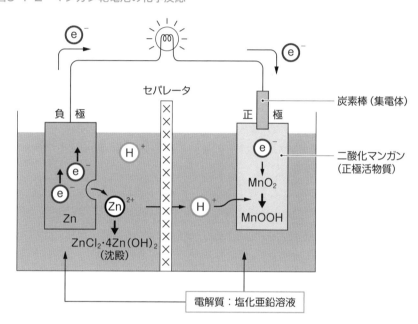

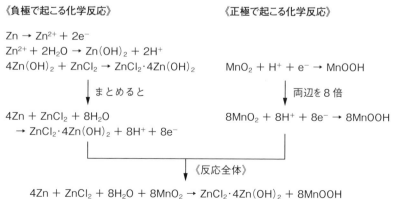

《負極で起こる化学反応》

$Zn \rightarrow Zn^{2+} + 2e^-$
$Zn^{2+} + 2H_2O \rightarrow Zn(OH)_2 + 2H^+$
$4Zn(OH)_2 + ZnCl_2 \rightarrow ZnCl_2 \cdot 4Zn(OH)_2$

↓ まとめると

$4Zn + ZnCl_2 + 8H_2O$
　$\rightarrow ZnCl_2 \cdot 4Zn(OH)_2 + 8H^+ + 8e^-$

《正極で起こる化学反応》

$MnO_2 + H^+ + e^- \rightarrow MnOOH$

↓ 両辺を8倍

$8MnO_2 + 8H^+ + 8e^- \rightarrow 8MnOOH$

《反応全体》

$4Zn + ZnCl_2 + 8H_2O + 8MnO_2 \rightarrow ZnCl_2 \cdot 4Zn(OH)_2 + 8MnOOH$

鉛蓄電池で
水素イオンが駆け回る

　化学電池のうち、主流は充電すれば何度も繰り返し使える二次電池（蓄電池）です。二次電池は電気自動車（EV：Electric Vehicle）の核心デバイスであるだけでなく、気象に左右される再生可能エネルギーで発電された電気の貯蔵用、あるいは非常用電源としても重視されています。

　そんな二次電池のうち、現在のベストセラーは圧倒的生産量を誇るリチウムイオン電池です。リチウムイオン電池はその名のとおりリチウムイオン（Li$^+$）がプラス電気を運ぶ電池です。それに対して、電池界きってのロングセラーといえば**鉛蓄電池**です。じつは鉛蓄電池は世界で最初に開発された二次電池であり、それが1859年に誕生して以来160年以上にわたってエンジン自動車用バッテリー（以下、自動車用バッテリー）などに使用され続けてきました。この間、形状や構造は進化しましたが、原理は変わっていません。

　なお、英語で単体の電池は「セル：Cell」であり、複数のセルが組み合わさったものが「バッテリー：Battery」です。バッテリーの語源はこの「組み合わせ」であり、野球で投手＆捕手を「バッテリー」と呼ぶのもここからきています。

●水素ガスと酸素ガスの発生を防ぐ

　鉛蓄電池の多くはどれも角形をしており、内部の構造も似たり寄ったりです。鉛蓄電池のセルの起電力は約2.1Vで、通常の自動車用バッテリーは6つのセルが直列に接続されているので、全体の起電力は12～13Vになります。前述した乾電池の起電力が1.5Vなので、乾電池のおよそ8個分です。

　図3-2-1に、一般的な自動車用バッテリーの構造を示しました。負極および負極活物質は鉛、正極および正極活物質は二酸化鉛です。鉛蓄電池は水素と酸素のガスが発生することがあり、それを逃がす役目をするのが**ベント形**と呼ばれる**液口栓**です。ベントとは「通気孔」という意味です。液口栓は元来、蒸発によって減少した電解液や精製水を補充する注入口であり、セルの数だけ付いています。

　鉛蓄電池はエンジンを駆動しているときに自動的に充電されます。しか

し、完全に充電できたあともそれ以上充電する（**過充電**という）と、電解液中の水が電気分解されて水素と酸素のガスが発生するので、それをベントから逃がすのです。ベント形には**触媒栓**という酸化触媒を備えたタイプもあり、発生した酸素ガスはそのまま逃がし、水素ガスのみを吸着します〈図3-2-2〉。そして、放電時に空気中の酸素を利用して水素を酸化し水にします。

図3-2-1　一般的な自動車用鉛蓄電池の構造

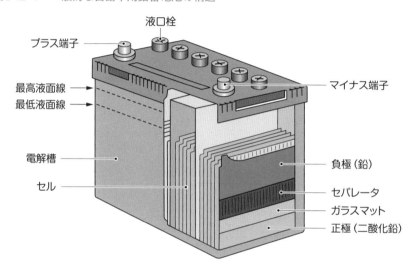

液口栓
プラス端子
最高液面線
最低液面線
電解槽
セル
マイナス端子
負極（鉛）
セパレータ
ガラスマット
正極（二酸化鉛）

バッテリー液が最高液面線を超えると液漏れ、最低液面線以下では損傷や爆発の原因になる。電解槽は電池の容器、液口栓はバッテリー液を補充する注入口、ガラスマットはガラス繊維をシート状にしたもので電極板の脱落防止用である。

図3-2-2　ベント形触媒栓の構造

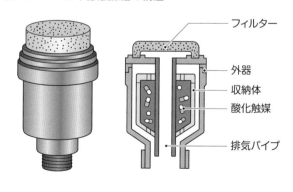

フィルター
外器
収納体
酸化触媒
排気パイプ

電池内でガスが発生し、ガス圧が高まると液漏れや破裂の危険性があり、また水素ガスと酸素ガスが何かの拍子に引火して爆発する恐れもある。そのため水素ガスを吸着し、酸素ガスを大気中に逃がす。フィルターは電解液が飛び出したり、バッテリー内のガスに誤って引火したりするのを防ぐ。

●放電時の電池式

　一般的な鉛蓄電池の負極および負極活物質は鉛、正極および正極活物質は二酸化鉛、電解質は希硫酸です。放電時の電池式は次のようになります。

《電池式》（－）Pb｜H$_2$SO$_4$｜PbO$_2$（＋）

　電解質の希硫酸は次のように電離していますので、電解液にすでに水素イオンが存在し、この水素イオンがプラスの電気を運びます。

$$H_2SO_4 \rightarrow 2H^+ + SO_4^{2-}$$

●放電時の化学反応

　図3-2-3のように、鉛蓄電池は放電のとき、負極の鉛板から鉛（Pb）が溶け出して2価の陽イオンである鉛イオン（Ⅱ）（Pb^{2+}）になり、電子（e$^-$）が鉛板に残されます。その鉛イオン（Ⅱ）は電解液中の硫酸イオン（SO$_4^{2-}$）と結びついて硫酸鉛（PbSO$_4$）になり、鉛板上に固体として析出します。

　負極の鉛板に残された電子は外部回路を通って仕事をし、正極へ移動すると、二酸化鉛（PbO$_2$）がそれを得て、電解質中の水素イオンおよび硫酸イオンと反応し、硫酸鉛（PbSO$_4$）と水（H$_2$O）が生成されます。この硫酸鉛も負極での反応と同様に固体であり、正極の二酸化鉛板上に析出します。以上より、放電時に負極と正極で起こる化学変化をまとめると、

$$PbO_2 + Pb + 2H_2SO_4 \rightarrow 2PbSO_4 + 2H_2O$$

●充電時の化学反応

　鉛蓄電池を外部電源に接続して充電すると、放電時とは逆の化学反応が起こり、もとに戻ります〈図3-2-4〉。負極では、付着していた硫酸鉛が電子を得て鉛になり、硫酸イオンを電解質溶液中に放出します。一方、正極では付着していた硫酸鉛が電解液中の水と反応して二酸化鉛が生じ、硫酸イオン・水素イオン・電子が放出されます。以上より、充電時の負極と正極の化学変化をまとめると、

$$2PbSO_4 + 2H_2O \rightarrow PbO_2 + Pb + 2H_2SO_4$$

　一般に、二次電池の電池反応式は双方向の2本の矢印を使って表します。

$$PbO_2 + Pb + 2H_2SO_4 \rightleftarrows 2PbSO_4 + 2H_2O$$

　上側（右向き）の矢印が放電、下側（左向き）の矢印が充電を表します。

図3-2-3　鉛蓄電池の放電時の化学反応

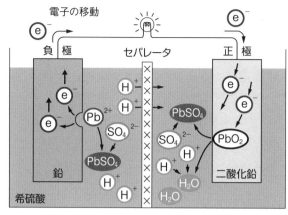

《負極で起こる反応》
$Pb + SO_4^{2-} → PbSO_4 + 2e^-$（鉛 → 硫酸鉛）
《正極で起こる反応》
$PbO_2 + 4H^+ + SO_4^{2-} + 2e^- → PbSO_4 + 2H_2O$（二酸化鉛 → 硫酸鉛）
《反応全体》
$PbO_2 + Pb + 2H_2SO_4 → 2PbSO_4 + 2H_2O$（水が生じる）

図3-2-4　鉛蓄電池の充電時の化学反応

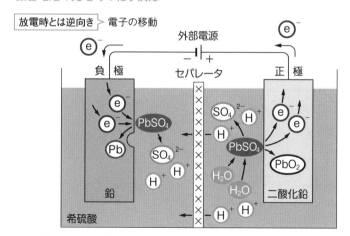

《負極で起こる反応》
$PbSO_4 + 2e^- → Pb + SO_4^{2-}$（硫酸鉛 → 鉛）
《正極で起こる反応》
$PbSO_4 + 2H_2O → PbO_2 + 4H^+ + SO_4^{2-} + 2e^-$（硫酸鉛 →二酸化鉛）
《反応全体》
$2PbSO_4 + 2H_2O → PbO_2 + Pb + 2H_2SO_4$（希硫酸が生じる）

ニッケル水素電池は、リチウムイオン電池に次いで2番目に人気がある二次電池です。国内で生産されている二次電池のうち、大雑把にいって3分の2がリチウムイオン電池で、4分の1がニッケル水素電池、残り3～4％が鉛蓄電池です。ほかにも多種多様な二次電池がありますが、それらをすべて合わせても生産量は数パーセント程度です。

●負極は水素吸蔵合金

ニッケル水素電池は、負極および負極活物質に水素吸蔵合金、正極および正極活物質に酸化水酸化ニッケルを用い、電解液は強塩基性の水酸化カリウム溶液です〈図3-3-1〉。強塩基性の電解液を用いている電池を**アルカリ電池**といいます。

多くの金属にはもともと水素を吸収する性質があり、金属が脆くなる（水素脆化）原因にもなるのですが、逆にその性質をうまく活かしたのが負極に使用されている**水素吸蔵合金**です。水素吸蔵合金は水素貯蔵合金ともいい、自己体積の1,000倍もの水素を吸蔵できるため、水素の貯蔵にも利用されています〈➡p166〉。水素吸蔵合金は水素原子を可逆的に吸蔵・放出できます。

ニッケル水素電池の放電時の電池式は次のようになります。

《電池式》（−）MH│KOH│NiOOH（＋）

水素吸蔵合金には多くの種類があり、一般に記号（MH）で表します。

●放電時と充電時の化学反応

負極では、放電時には水素吸蔵合金（MH）が水素原子（H）を離し、その水素原子と電解液中の水酸化物イオン（OH^-）が反応して水（H_2O）ができ、電子（e^-）が放出されます。充電時には逆の反応が起こります〈図3-3-2〉。

正極では、放電時には酸化水酸化ニッケル（NiOOH）が電子を受け取り、水と反応して水酸化ニッケル（$Ni(OH)_2$）になり、水酸化物イオンが放出されます。充電時には逆の反応が起こります。

負極と正極の化学反応をまとめると、

$$MH + NiOOH \rightleftarrows M + Ni(OH)_2$$

図3-3-1　ニッケル水素電池の構造

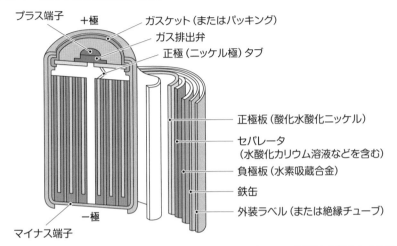

プラス端子
＋極
ガスケット（またはパッキング）
ガス排出弁
正極（ニッケル極）タブ
正極板（酸化水酸化ニッケル）
セパレータ（水酸化カリウム溶液などを含む）
負極板（水素吸蔵合金）
鉄缶
外装ラベル（または絶縁チューブ）
－極
マイナス端子

正極板、負極板、セパレータがシート状で重ねられて巻かれ、電解液を満たした円筒状の鉄缶に収められている。小型ニッケル水素電池にはパナソニックの「エネループ」や「充電式エボルタ」などがある。

図3-3-2　ニッケル水素電池の化学反応

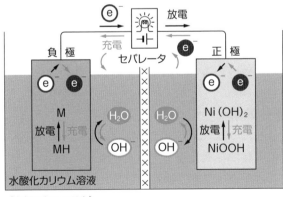

e^-　放電
充電
負　極
セパレータ
正　極
M
放電　充電
MH
H_2O　H_2O
OH　OH
$Ni(OH)_2$
放電　充電
NiOOH
水酸化カリウム溶液

MHは「Metal Hydride」の頭文字。Hydrideは「水素化合物」の意味。水（H_2O）は負極と正極で相殺され、化学反応全体の式には出てこない。

《負極で起こる反応》
$MH + OH \rightleftarrows M + H_2O + e^-$（水素原子を吸蔵 $\rightleftarrows$ 放出）
《正極で起こる反応》
$NiOOH + H_2O + e^- \rightleftarrows Ni(OH)_2 + OH^-$（酸化水酸化ニッケル $\rightleftarrows$ 水酸化ニッケル）
《反応全体》
$MH + NiOOH \rightleftarrows M + Ni(OH)_2$

燃料電池の開発史

　燃料電池も化学反応によって発電する化学電池の一種です。英語で「Fuel Cell」といいます。燃料電池は水素と酸素から電気をつくる発電装置です。一次電池や二次電池と違って、外部から常に燃料（水素）と酸化剤（酸素）を供給しなければ発電できませんが、逆にいえば、燃料と酸化剤を供給し続ければ電気をつくり続けることができます。

●220年以上前に構想された燃料電池

　表3-4-1に、燃料電池と関連する化学電池に関する研究と開発の歴史を簡単にまとめました。燃料電池といえば最新の技術のように思われがちですが、歴史年表を見ると、燃料電池が世界で初めて考案されたのは220年以上も前の1801年。世界初の化学電池であるボルタ電堆が発明されてからわずか7年後のことです。そしてその38年後の1839年には、早くも世界初となる燃料電池がつくられました。これは世界初の二次電池である鉛蓄電池が誕生する20年も前のことになります。

　しかし、その後燃料電池は世界から忘れ去られてしまったような状況が長く続き、再び脚光を浴びるようになったのは、1965年にNASAが打ち上げた有人宇宙船ジェミニ5号に燃料電池が搭載されてからです。このときジェミニに液体水素と液体酸素が積み込まれ、気化して使用されました。

●燃料電池のエネルギー効率

　NASAが燃料電池に注目したのは、燃料電池が持つ数多くの利点です。まず冒頭に述べたように、他の化学電池と違って水素と酸素を供給すれば発電を続けられること、そして排出ガスに有害物質が含まれず水だけなので、宇宙船内で飲用でき、またエネルギー効率が高いこと（燃料電池の種類によって異なる➡p112）もポイントでした。さらに、水素ガスタービンなどによる発電に比べて、振動や騒音もなく静粛性に優れていることも大きな利点です。なお、燃料電池の排熱は宇宙船では液体燃料の気化に使われました。

表3-4-1　燃料電池（と化学電池）の歴史

年	内　容	特　記
1794	アレッサンドロ・ボルタ（伊）がボルタ電堆を発明 ※1	世界初の化学電池
1801	ハンフリー・デービー（英）が燃料電池の原理を考案	燃料電池の歴史の幕開け
1833	マイケル・ファラデー（英）が陽イオン・陰イオンを定義	「イオン」は「行くもの」の意味
1839	ウィリアム・グローブ（英）が燃料電池の原型を作製	世界初の燃料電池
1859	ガストン・プランテ（仏）が鉛蓄電池を発明	世界初の二次電池
1885	屋井先蔵（日）が屋井乾電池を発明 ※2	日本初の乾電池
1888	カール・ガスナー（独）とウィルヘルム・ヘレセンス（丁）が乾電池を発明	世界初の乾電池。同時期に独自に発明
1952	フランシス・ベーコン（英）が発電用燃料電池を開発	世界初の実用的な燃料電池
1955	トーマス・グラップ（米）が燃料電池を改良	イオン交換膜を利用
1965	ジェミニ5号がゼネラル・エレクトリック社（米）製燃料電池を搭載	有人宇宙船で初めて燃料電池を搭載
1969	アポロ11号が人類初の月面着陸に成功	燃料電池を搭載した初めての月面着陸
1989	米でニッケル水素電池を発明	―
1990	ソニーがリチウムイオン電池（二次電池）を実用化	世界初のリチウムイオン電池
1994	ベンツ社が燃料電池車「NECAR1」を公開	世界初の燃料電池車
2000	「燃料電池普及基盤整備事業ミレニアムプロジェクト」開始 ※3	経済産業省とNEDOによる事業
2002	トヨタが燃料電池車「MIRAI」の限定販売を開始（リース販売）	世界初の市販燃料電池車
2005	首相公邸に家庭用燃料電池システムを設置	世界初の家庭用燃料電池システム
2008	ボーイング社（米）が有人水素燃料電池飛行機の試験飛行に成功 ※4	世界初の有人水素燃料電池飛行機
2009	エネファームの一般販売開始 ※5	―
2014	トヨタが燃料電池車「MIRAI」の一般販売を開始	―
2016	ホンダが燃料電池車「CLARITY FUEL CELL」を販売開始	―
2023	BMW社が燃料電池車「iX5 Hydrogen」を発表。数量限定で製造	―

青色文字は燃料電池関連の項目。発明者（社）や発明年は諸説ある中の有力候補。同年内の項目は時系列に並べたものではない

国の漢字表記は、伊：イタリア、英：イギリス、仏：フランス、日：日本、独：ドイツ、丁：デンマーク、米：アメリカ。※1 ボルタの「電堆（でんたい）」とは、塩水を含ませた紙をはさんだ銅板と亜鉛板からなるセルを多数積層した電池のこと。※2 国際的には「世界初の乾電池」とは認められていない。※3「NEDO」は「新エネルギー・産業技術総合開発機構」の略称。※4 リチウムイオン電池を併用したハイブリッド電動モーターシステムのプロペラ機。※5「エネファーム」は家庭用燃料電池コジェネレーションシステムの統一名称〈➡p124〉

3 -5 水の電気分解と燃料電池の発電原理

　燃料電池の化学反応は「**水の電気分解**」と逆の反応だとよくいわれます。中学理科の化学実験の定番である水の電気分解では、水に電極を差し込んで電流を流すと、陰極から水素ガス、陽極から酸素ガスが発生します。水の電気分解についておさらいしながら、燃料電池の発電原理を見ていきましょう。

●電池の正極と負極、電気分解の陽極と陰極

　純粋な水には電気が流れにくいため、水の電気分解では硫酸や水酸化ナトリウムなどを少量溶かして実験を行います。そうであれば、希硫酸（硫酸水溶液）や水酸化ナトリウム水溶液の電気分解とするのが本当ですが、硫酸やナトリウムは電極から発生したり付着したりすることがなく、陰極から水素ガスが、陽極から酸素ガスが発生するので、「水の電気分解」とされます。

　なお、化学電池では電子が流れ出す電極を負極（マイナス極）、電子が流れ込む電極を正極（プラス極）といい、とくに燃料電池では燃料（水素）が供給される負極を**燃料極（水素極）**、空気（酸素）が供給される正極を**空気極（酸素極）**と呼んだりします。それに対して電気分解では、外部電源の負極につないだ電極を**陰極**、外部電源の正極につないだ電極を**陽極**と呼びます。

　電極をアノード・カソードと表現することも一般的です。**アノード**（Anode）とは「上り口」を意味し、外部回路から電流が流れ込む（電子が流れ出る）電極、**カソード**（Cathode）は「下り口」を意味し、外部回路へ電流が流れ出る（電子が流れ込む）電極をいいます。これらはイギリスの科学者マイケル・ファラデー（1791-1867）によって命名されました〈表3-5-1〉。

●燃料電池の基本構造

　燃料電池にもさまざまな種類があります〈➡p112〉。そのうち図3-5-1では、燃料電池車や家庭用燃料電池システムなどに多く使われている**固体高分子形**と呼ばれている燃料電池のセルの基本構造を示しました。燃料電池はセルを多数積層してパッケージとし、これをバッテリーではなく、**燃料電池スタッ**

ク（FCスタック）といいます。

　セルは負極（燃料極）の電極板と正極（空気極）の電極板で電解質膜（固体高分子膜）をはさんだ構造をしており、それをさらにセパレータではさんでいます。セパレータには細い溝が刻まれており、ここをガスが通ります。それぞれの電極板はガス拡散層と触媒層からなり、ガス拡散層は触媒層にガ

表3-5-1　電極の呼称と電子の移動

外部回路との関係	電子が流れ出る電極 （電流が流れ込む電極）	電子が流れ込む電極 （電流が流れ出る電流）
化学電池（燃料電池を含む）	負極	正極
燃料電池（特有の表現）	燃料極、水素極	空気極、酸素極
二次電池の充電	正極（外部電源の正極と接続）	負極（外部電源の負極と接続）
電気分解	陽極（外部電源の正極と接続）	陰極（外部電源の負極と接続）
ファラデーの命名	アノード	カソード
電極での化学反応	酸化	還元

電子の移動方向と電流の向きは逆になる。電子が流れ出る（電子を失う）電極では酸化反応、電子が流れ込む（電子を得る）電極では還元反応が起こる。一般に、化学電池（燃料電池を含む）では正極・負極、電気分解では陽極・陰極を使用する。正極・負極は本来電位の高低で区別し、アノード・カソードは電流の向きで区別するが、陽極・負極は電位の高低による区別と電流の向きによる区別の2つの考え方がある。

図3-5-1　燃料電池（固体高分子形）のセルの構造

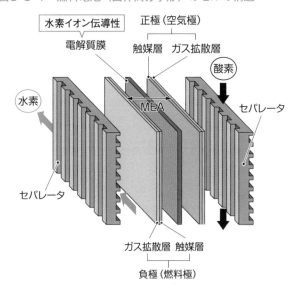

固体高分子形燃料電池のセルにおける電極と電解質膜（固体高分子膜）からなる部材を**MEA（膜・電極接合体、Membrane and Electrode Assembly）**という。つまり、MEAをセパレータではさんだものが1つのセルである。セル単体の電圧は理論上1.23Vだが、抵抗や損失により実質0.6〜0.8V程度しかない。そのため必要な電力が得られるようにセルの数を調整して積層しスタックをつくる。**燃料電池車では数百のセルが、家庭用燃料電池システムでも数十のセルが積層さ**れている。

スを供給し、かつ反応の結果生じた水を排出するとともに、集電の役割も担っています。触媒層ではそれぞれ酸化反応と還元反応が促進されます。

●水の電気分解と燃料電池の発電原理

水（希硫酸）の電気分解における化学反応を図3-5-2に、それと比較できるように、図3-5-3に燃料電池（固体高分子形）の発電原理を示しました。

まず電気分解では、希硫酸に2つの電極を挿入し、外部の直流電源につなぎます。すると、電源の負極から流れ出た電子（e^-）を、陰極で水素イオン（H^+）が受け取り（還元）、水素原子（H）→ 水素分子（H_2）になります。

《陰極》$2H^+ + 2e^- \rightarrow H_2$

陽極では硫酸イオンは電子を奪われにくい（酸化されにくい）ので、水が電極に電子を渡し（酸化され）て酸素分子（ガス）になります。

《陽極》$2H_2O \rightarrow O_2 + 4H^+ + 4e^-$

陰極の両辺を2倍して、陰極と陽極の化学反応をまとめると、

《電気分解の化学反応》$2H_2O \rightarrow 2H_2 + O_2$

一方、燃料電池では、負極（燃料極）に水素を供給すると、電極（白金など）の触媒作用で水素イオンが生じ、電子が電極に残されます。

《負極》$H_2 \rightarrow 2H^+ + 2e^-$

水素イオンは電解質膜（固体高分子膜）を通過して正極（空気極）へ移動し、電子は外部回路を通って仕事をし、正極へ向かいます。正極では供給された酸素が触媒の作用で電子・水素イオンと結合して水が生成されます。

《正極》$O_2 + 4H^+ + 4e^- \rightarrow 2H_2O$

負極の両辺を2倍して、負極と正極の化学反応をまとめると、

《燃料電池の化学反応》$2H_2 + O_2 \rightarrow 2H_2O$

以上より、水の電気分解と燃料電池の化学反応は逆になります。

●化学反応を促進する電極触媒

燃料電池で「心臓部」ともいえる重要な要素は電極触媒です。**触媒**とは、それ自身は反応の前後で変化せずに化学反応を促進する物質をいい、反応は触媒の表面で進みます。水素ガスと酸素ガスを混合させただけで、点火もしないのに「燃焼」と同じ化学反応式の反応が起こるのは触媒のおかげです。

固体高分子形燃料電池では通常、電極触媒に白金が使用されています。しかし貴金属の白金は高価であり、電池を大型化するときにコストの問題が発生します。触媒作用は一般に高温になるほど活性化するため卑金属でも使用できますが、固体高分子形は低温で作動するので白金が使われています。白金の使用量を減らす工夫や代替触媒の研究は日々続けられています。

図3-5-2　水（希硫酸）の電気分解

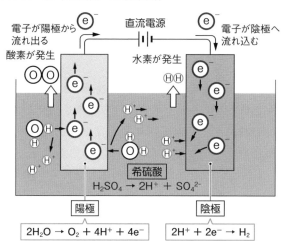

希硫酸（硫酸水溶液）中で、硫酸は、$H_2SO_4 \rightarrow 2H^+ + SO_4^{2-}$ と電離している。陰極では水素イオンが電子を受け取り（還元されて）水素が発生する。しかし硫酸イオンはマイナスの電気を持つ陰イオンであり陽極に引き寄せられるものの、酸化されにくいため、陽極では水が酸化されて酸素を発生する。

図3-5-3　燃料電池（固体高分子形）の発電原理

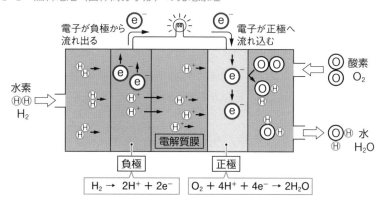

負極と正極で起こる化学反応をまとめると、$2H_2 + O_2 \rightarrow 2H_2O$ となり水が生成され、排出される。このとき1気圧、25℃の条件下で、水素1mol当たりの理論発電量は約237kJになり、これは燃料電池の種類が違っても同じである。ただし、実際の発電量は抵抗や損失により小さくなる。

燃料電池の種類① 固体高分子形

　燃料電池には非常に多くの種類があり、それぞれ固有の特徴を持っています。表3-6-1に、電解質によって分類される5種類の代表的な燃料電池について作動温度や主な用途、特徴などをまとめました。電解質はイオンを伝導しますが、燃料電池の性能や特徴を左右する、電極触媒と並ぶ重要な要素です。燃料電池は電解質のイオン伝導性が高くなる温度で運転します。

●固体高分子形燃料電池（PEFC：Polymer Electrolyte Fuel Cell）の特徴

　前項で**固体高分子形燃料電池**を例にとって構造や発電原理を紹介したのは、固体高分子形が燃料電池車〈➡p120〉や家庭用燃料電池システム〈➡p124〉に多く使用されている、現在主流の燃料電池だからです。他の用途として、産業車両の動力源として、また非常用電源としての利用も進んでいます。

　固体高分子形の特徴には、出力密度が高い、そのために小形軽量化できる、振動に強い、保守点検が容易であることなどが挙げられます。**出力密度**とは電池の単位質量当たりの発電量（電力）、あるいは単位体積当たりの発電量をいい、単位はW/kg、W/LまたはW/cm^{3}になります。ただし、単位電極面積当たりの発電量（W/cm^2）で表されることもあります。

　いずれにしろ、出力密度が大きいほど発電量の大きい燃料電池ということになりますが、理論発電量〈図3-6-1〉は化学反応によって決まってくるので、出力密度の大小はどれだけ発電量の低下を抑えられるかにかかってきます。発電量低下の原因には、電気抵抗や各種の損失などいろいろあります。

●水素イオンだけを通す電解質膜

　出力密度の大きさには、電解質膜も大きく影響します。固体高分子膜は厚さが数十μm（マイクロメートル）程度の非常に薄いものです。電解質膜には水素ガスや酸素ガスを通さず、水素イオンだけをすばやく通過させるという役割がありますが、膜が薄いとガスが通過して電極で反応することがあり、この現象を**ガスクロスオーバー**（または単に**クロスオーバー**）といいます。

表3-6-1　主な燃料電池の種類と特徴

	固体高分子形 PEFC	リン酸形 PAFC	アルカリ形 AFC	溶融炭酸塩形 MCFC	固体酸化物形 （固体電解質形） SOFC
作動温度	低温形			高温形	
	80～90℃	150～200℃	50～150℃	600～700℃	700～1,000℃
電解質の 種類	固体高分子膜 （陽イオン交換膜）	リン酸 (H_3PO_4)	水酸化カリウム （KOH）	溶融炭酸塩 （炭酸リチウム 炭酸カリウムなど） Li_2CO_3、K_2CO_3	ジルコニア系 セラミックス ZrO_2など
電解質中の 移動イオン	H^+	H^+	OH^-	$CO_3{}^{2-}$	O^{2-}
触媒	白金系	白金系	卑金属	卑金属	卑金属
発電効率 （LHV）	30～40%	35～45%	50～60%	40～60%	45～65%
発電規模	1～数百kW	数十～数千kW	1～十数kW	数百～数十万kW	数百～数十万kW
用途、市場	自動車、家庭用＆業務用 コジェネレーション 非常用電源	業務用、工業用 コジェネレーション	宇宙船、潜水艦 軍事用	工業用 分散電源用	工業用、家庭用 分散電源用
特徴	高出力密度 低作動温度	コンパクトなシ ステム。排熱 の有効利用	比較的低い作動 温度。材料選択 の幅が広い	高電池電圧 高総合効率	高温作動のため 燃料の内部改質 可能

電解質の種類による分類。それぞれの略号は、PEFC：Polymer Electrolyte Fuel Cell、PAFC：Phosphoric Acid Fuel Cell、AFC：Alkaline Fuel Cell、MCFC：Molten Carbonate Fuel Cell、SOFC：Solid Oxide Fuel Cell である。LHVはLower Heating Value＝低位発熱量〈➡p50〉

図3-6-1　水の生成と分解におけるエネルギー変化

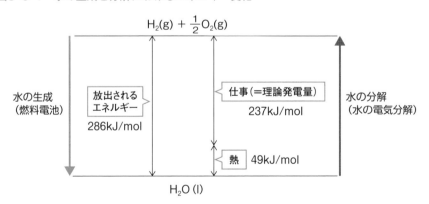

25℃の水が生成するときのエネルギー変化。水素ガスと酸素ガスの反応による水（液体）の生成は発熱反応で、放出されるエネルギーは仕事（＝理論発電量）と熱になる。実際の発電量は理論発電量から各種損失仕事を差し引いた分になる。図より、原理的には電気エネルギーへの理論変換効率は、237÷286≒0.83より、約83％になる。

ガスクロスオーバーは発電量を低下させる原因となります。

　一方で、電解質膜は水素イオンをすばやくスムーズに通過させなければなりません。そのために一般的に用いられているのが**パーフルオロスルホン酸（パーフルオロカーボンスルホン酸）**という固体高分子です〈図3-6-2〉。スルホン酸とは炭素原子に**スルホ基（スルホン基、スルホン酸基）**SO_3Hが結合した化合物の総称です。

　スルホン酸は親水性で、乾燥状態では水素イオンを通さないものの、水分を含んでゲル状になると水溶液と同様に水素イオンを伝導するようになります。水素イオンは水分子と結合してヒドロニウムイオン（H_3O^+➡p32）となり、隣の水分子やスルホ基を跳び移るように移動すると考えられており、これを**ホッピング機構**といいます〈図3-6-3〉。したがって、固体高分子形燃料電池は加湿して運転する必要があります。

　固体高分子形の最大の特徴は作動温度が低く、常温での起動が可能で、運転停止も短時間で行えることです。液体の水がなくては作動できないので、運転は必ず0℃から100℃までの温度範囲に限定され、実際には80〜90℃で運転されます。なお、無加湿、中・高温条件で作動が可能な高分子膜の開発も進められています。

●水素の供給方法

　固体高分子形に限らず、燃料電池では水素が直接の燃料となりますが、その水素をどのような形で供給するかについては、あらかじめつくっておいた水素を供給するか、天然ガスやメタノールなどの炭化水素を原燃料として供給するかのどちらかになります。後者の場合、その場で炭化水素を改質して水素をつくることになりますので、燃料改質装置（**改質器**）を燃料電池に併設する必要があります。したがってスペース的なことを考えると、可搬形より据え置き形（定置用）の燃料電池に向いているといえます。

　なお、**改質**とは炭化水素の組成や性質を改変することをいい、具体的には化学反応によって分子量の小さい分子に変える操作をいいます。ここでは炭化水素から水素を取り出すことを指します。

　水素の製造方法については5章でくわしく紹介しますが、広く普及している**水蒸気改質**の原理を図3-6-4に示しました。

図3-6-2　パーフルオロスルホン酸の化学組成

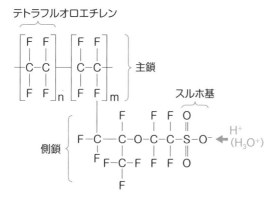

テトラフルオロエチレン（CF_2 $-CF_2$）が連なった主鎖から酸素（O）を介して側鎖が延び、その端にスルホ基が結合している。「パー（per）」は「すべて」という意味であり、「ペル」とも読む。「フルオロ」とは有機化合物中のフッ素（F）のこと。したがって「パーフルオロカーボン」とは炭化水素の水素をすべてフッ素に置換したものを表す。スルホン酸は強酸性だが、白金触媒は酸にも塩基にも強く、腐食しにくい。

図3-6-3　固体電子膜中のイオン伝達

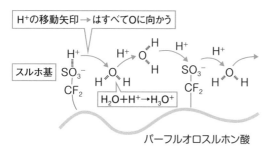

加湿されたパーフルオロスルホン酸高分子膜では、水素イオン（ヒドロニウムイオン）が水分子やスルホ基と結合・解離を繰り返しながらホッピング機構によって移動する。

図3-6-4　水蒸気改質の原理

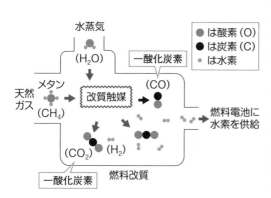

化石燃料やバイオ燃料などから不純物を除去した後、炭化水素を触媒を利用して水蒸気と反応させて水素を製造する。現在工業的に主流の水素製造方法である。天然ガス（主成分はメタン）の場合、$CH_4 + 2H_2O \rightarrow 4H_2 + CO_2$の反応により水素が生じるが、同時に二酸化炭素が出るという問題がある。また一部（10〜15%程度）で、$CH_4 + H_2O \rightarrow 3H_2 + CO$の反応が起こり、CO（一酸化炭素）は低温で白金触媒の作用を弱めるため、重量比1%程度まで低減する必要がある。

　比較的低温で作動する「低温形燃料電池」の代表的なものには、固体高分子形〈➡p112〉のほかにリン酸形燃料電池とアルカリ形燃料電池があります。

●リン酸形燃料電池（PAFC：Phosphoric Acid Fuel Cell）

　リン酸形は電解質に液体リン酸、電極触媒に主として白金系を用いる燃料電池で、電解質中を水素イオンが電気を運ぶという点で固体高分子形と共通しています。負極（燃料極）と正極（空気極）で起こる化学反応も固体高分子形と同じで、負極で水素が水素イオンになり、正極で酸素が水素イオンと外部回路を通ってきた電子と結合して水が生成されます〈図3-7-1〉。

　低温形といっても、リン酸形の作動温度は150〜200℃なので、排熱でコジェネレーションを実行でき、ホテルや病院、工場などの暖房や給湯等に利用されています。発電と熱利用を合わせた総合エネルギー利用効率は80％を超えます。燃料には天然ガスやLPG（液化石油ガス）、メタノールなどを改質してつくった水素が使われますが、その際はまず硫黄などの不純物を除去し、改質処理で発生する一酸化炭素の量を低減する必要があります。

●アルカリ形燃料電池（AFC：Alkaline Fuel Cell）

　アルカリ形はその名のとおり電解質が塩基（水酸化カリウム：KOHなど）であり、水素イオンではなく、水酸化物イオン（OH^-）が電気を運びます〈図3-7-2〉。燃料の水素を負極に投入すると、触媒作用で電子を放出して生じた水素イオンと水酸化物イオンが結合して水が生成されます。つまり、アルカリ形では負極で水ができるわけです。一方、負極電極に残された電子は外部回路を通って正極に行き、水・酸素・電子が結合して水酸化物イオンが生じます。この水酸化物イオンが電解質を通って負極へ移動します。

　アルカリ形の利点は、水酸化物イオンの移動速度が水素イオンより大きいために出力が大きいことです。また、低温で作動するので白金系などの触媒を使用するべきですが、塩基に対して耐食性を示すニッケルなどの安価な卑

金属も使用できます。逆に欠点は、燃料として純度の高い水素と酸素を供給する必要があり、その分のコストがかさむことです。燃料に二酸化炭素が含まれていると電解質の塩基と反応して炭酸イオン（CO_3^{2-}）が生じ、電気抵抗が増すのです。このようにアルカリ形は低温で作動し、出力も高いため、経済性を無視できる宇宙や軍事分野などの特殊用途で使用されてきました。

図3-7-1　リン酸形燃料電池の発電原理

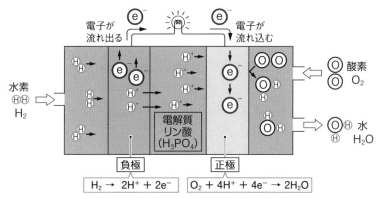

電極で起こる化学反応は固体高分子形と同じ〈➡p111・図3-5-3〉だが、発電効率はやや高い。電解質のリン酸は多孔質の板（**マトリックス**という）に含ませて使用する。反応による発熱で温度が上昇し、200℃を超えるとリン酸の蒸発が急激に大きくなるため冷却水で冷やし、その排熱を利用する（コジェネレーション）。

図3-7-2　アルカリ形燃料電池の発電原理

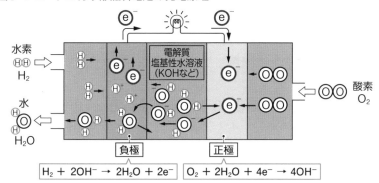

電解質中を、水素イオンではなく水酸化物イオンが電気を運ぶ。したがって、イオンの移動方向は上図とは逆向きで正極→負極。燃料に二酸化炭素が含まれていると、電解質中の水酸化物イオンと二酸化炭素が反応し、$2OH^- + CO_2 \rightarrow CO_3^{2-} + H_2O$により炭酸イオンが生じ、電気を運ぶ水酸化物イオンが減少するために発電量が低下する。

燃料電池の種類③ 溶融炭酸塩形と固体酸化物形

非常に高い温度で作動する高温形の燃料電池には、溶融炭酸塩形と固体酸化物形があります。高温作動のため発電効率が高く、コンバインドサイクルも可能である反面、起動や運転停止に時間がかかり、電池材料の耐久性を弱めるリスクもあります。

●溶融炭酸塩形燃料電池（MCFC：Molten Carbonate Fuel Cell）

溶融炭酸塩形は、炭酸リチウム（Li_2CO_3）と炭酸カリウム（K_2CO_3）などの混合炭酸塩を電解質に用います。この混合炭酸塩の融点はおよそ500℃なので、作動温度600～700℃では透明な液体になります。

負極に水素を供給すると炭酸イオン（CO_3^{2-}）と反応して水と二酸化炭素が生成し、電子が放出されます。一方、正極では他の燃料電池にはない特徴として、空気に含まれる二酸化炭素（と酸素）も利用されます。これらと電子が結合して生じた炭酸イオンが電解質中を負極へ移動します〈図3-8-1〉。

溶融炭酸塩形は高温で作動するため、特別な触媒は不要でニッケル系の電極が触媒の働きをします。ニッケルは燃料改質の際に発生する一酸化炭素（CO）で劣化せず、またCOは負極でできた水と反応して水素と二酸化炭素になります（$CO+H_2O \rightarrow H_2+CO_2$）。つまり、COも燃料として利用できるのです。溶融炭酸塩形は化石燃料やバイオ燃料など幅広い原燃料を改質して使用でき、石炭ガス（石炭ガス化ガス）を使用した人規模発電所も可能です。

●固体酸化物形燃料電池（SOFC：Solid Oxide Fuel Cell）

固体酸化物形は電解質に高温でイオン伝導性を発揮する酸化物を用いる燃料電池で、1,000℃近い温度で作動するために燃料電池では最高レベルの発電効率を誇ります。電気を運ぶイオンが陰イオン（酸化物イオン：O^{2-}）であり、高温作動ゆえに特別な電極触媒は不要で、一酸化炭素も燃料になるなど、多くの点で溶融炭酸塩形と共通した特徴を持ちます。

負極に水素（と一酸化炭素）を供給すると、水素とO^{2-}が結合して水が生

成され、電子が放出されます。一方、正極では供給された酸素が電子を受け取ってO^{2-}になり、電解質を通って負極へ移動します〈図3-8-2〉。

溶融炭酸塩形と同様に幅広い原燃料が使用でき、石炭ガスを使用した大規模発電も可能です。

図3-8-1　溶融炭酸塩形燃料電池の発電原理

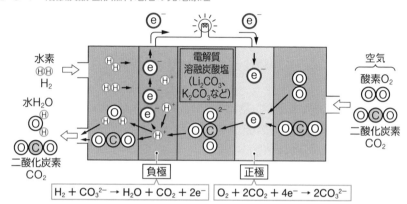

電解質中を移動して電気を運ぶのは正極で生成された陰イオンの炭酸イオン。負極で生じた二酸化炭素は正極反応に再利用されるので、全体の反応式（$2H_2 + O_2 \rightarrow 2H_2O$）に$CO_2$は出てこない。

図3-8-2　固体酸化物形燃料電池の発電原理

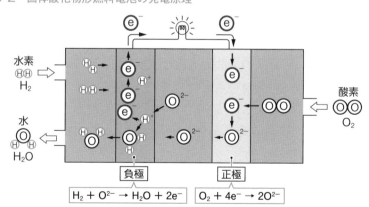

電解質にはジルコニア（二酸化ジルコニウム：ZrO_2）に少量の酸化イットリウム（Y_2O_3）を添加したイットリア安定化ジルコニアというセラミックの一種が用いられることが多い。Y_2O_3の添加で結晶構造が安定するものの酸素欠陥が生じるため、その欠陥を埋めようとしてO^{2-}が移動する。

燃料電池自動車（FCV）

　燃料電池自動車（以下、**FCV**：Fuel Cell Vehicle）は電気自動車の一種であり、FCEV（Fuel Cell Electric Vehicle）と表記することもあります。バッテリー（二次電池）から電気を取り出す電気自動車（**BEV**：Battery Electric Vehicle　以下、**EV**と表記）とは電気の供給方法が異なりますが、電気エネルギーによって電動モーターを回転させて走行する点では同じです。

●販売台数ではEVに遠く及ばないFCV

　FCVとEVの乗用車国内販売台数には大きな開きがあります〈図3-9-1〉。その理由にはFCVの車両価格が高いことも挙げられますが、そもそもFCVを製造している自動車メーカーが国内ではトヨタだけ（2023年7月現在）ということもあります。ただし、ホンダと日産も一時期FCVを販売しており、ホンダは今後製造販売を再開する予定です。

　FCVがあまり売れない最大の理由は、水素インフラの整備がなかなか進まないことにあります。燃料の水素を提供する水素ステーション〈➡p170〉が全国でまだ167カ所（2023年5月現在）しかありません。水素を充填できる場所がないので、FCVが売れない。FCVの販売台数が少ないので車両価格が下がらず、燃料の水素価格も高い。だからあまり売れず、水素ステーションも増えない……こうした悪循環から抜け出すには、まず政策で水素インフラの整備を推し進めることが重要になります。

　なおEVに関していえば、充電スポットは全国に2万1,198カ所（2022年3月現在、ゼンリン調べ）もあり、しかもEVには自宅のコンセントでも充電できる強みがあります。

●FCVとEVのメリット・デメリット

　一方、EVは充電時間の長さが課題です。車種やバッテリーの容量によりますが、フル充電するのに普通充電で6〜12時間、急速充電でも30〜60分かかります。また、走行距離（航続距離）が短いこともEVの弱点で、たとえ

ば日産「リーフ」（バッテリー容量40kWh）は一充電走行距離が約322km
（WLTCモード）です。それに対して、固体高分子形燃料電池〈➡p112〉を
搭載するトヨタのFCV「MIRAI（ミライ）」は高圧水素タンクを3本搭載し
〈図3-9-2〉、1回の水素充填で約850km（WLTCモード）走れます。しかも
水素充填時間は約3分です。なお、WLTC（Worldwide-harmonized Light

図3-9-1　FCVとEVの年間国内販売台数の推移

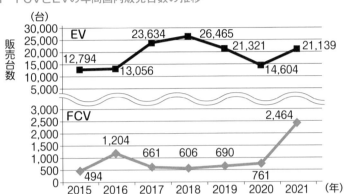

2015～17年は次世代自動車振興センター、2018～21年は日本自動車販売協会連合会の
調べによるデータをもとに作成。乗用車のみの販売台数で、軽自動車（EV）は含まない。
FCVの販売台数は年によってばらつきが大きいが、EVのおよそ40分の1から9分の1と
かなり少ない。もっともEVの販売割合も日本では少なく、2021年に世界で販売された
乗用車のうち約8.6%がEVだったが、日本ではわずか約0.9%だった。

図3-9-2　トヨタ「MIRAI」における燃料電池と高圧水素タンクの配置

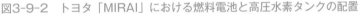
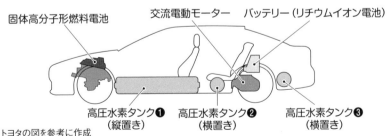

トヨタの図を参考に作成

「MIRAI（2代目）」は高圧タンクに貯蔵した水素を燃料とする。タンクの圧力は70MPa（メ
ガパスカル）。燃料電池とタンクは車室外に設置され、万が一水素ガスが漏れても室内
にたまらず車外に拡散する。初代MIRAIは2本のタンクで水素を4.6kg搭載でき、フル充
填で650km走れたが、2020年12月に発売された2代目は3本のタンクで水素の量を5.6kg
に増やし、走行距離を約30%増の850kmに伸ばした。なお、リチウムイオン電池は駆
動用だが、減速時にエネルギーを回収する。

vehicles Test Cycle）モードとは、2017年に日本でも導入が始まった国際的な燃費測定法です。市街地・郊外・高速道路での各走行モードごとの燃費を算出しますが、上記の走行距離はそれらを平均的な走行時間で配分した総合燃費をもとに計算したものです。

●燃料電池に適した移動体

　EVの走行距離はバッテリーの容量に制約されるので、走行距離を伸ばすためにはバッテリーを大型化するか、その数を増やさなければなりません。しかし、バッテリーの電極には一般に高価なレアメタルが使われているために車両価格が高くなってしまいますし、乗用車ではバッテリーのスペースを確保するのが難しくなります。

　その点、燃料電池では電池本体はそのままで、水素燃料を多く積めば積むほど走行距離を伸ばすことができます。とはいえ、水素タンクを積むにも乗用車では限りがあり、それはEVと事情は同じです。そこで現在普及が広がっているのが、FCバスやFCトラックです。水素タンクを多く積めばより長距離を走れ、しかも水素の充填時間も短いので、燃料電池はまさに大型営業車両の動力源に向いているといえます〈図3-9-3〉。燃料改質器を搭載して、天然ガスやメタノールなどの炭化水素を原燃料とすることもできます。

　さらに、ほぼ決まったルートを走行する路線バスや配送トラック、高速道路を常に利用する長距離バス・トラックでは、その道筋に水素ステーションを設置すれば効率的な水素インフラ構築が可能となります。

　自動車以外では、工場内や倉庫などでFCフォークリフトの採用が増えており、今後ますます産業用移動体での燃料電池の普及が進むでしょう。また、燃料電池を動力源とする船舶や鉄道、航空機の開発研究も世界中で加速しており、近々登場することが期待されます。

●FCVとEVの経済性

　乗用車の話にもどして、FCVとEVの走行コストを見ておきましょう。図3-9-4に、両車に加えてガソリンエンジン車、ディーゼルエンジン車、ハイブリッド車、プラグインハイブリッド車について、10km走行するのに燃料費が何円かかるかを示しました。計算方法は、WLTCモードから10km当た

りの燃料消費量を逆算し、それに燃料単価を乗じて求めました。ただし、近年エネルギー価格が大きく変動しているので、それぞれの燃料が比較的高値のときと安値のときの両方を掲載しました。このグラフより、FCVの走行コストの差が激しいことがわかりますが、これは現状高い水素価格を2030年には3分の1にまで下げるという政府目標を反映したものです。

図3-9-3　FCバスにおける燃料電池と高圧水素タンクの配置

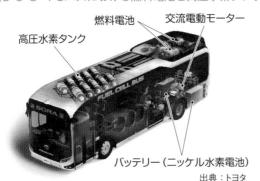

2018年に発売されたトヨタ「SORA」の構造。天井に燃料電池2基、高圧水素タンク10本を配置し、底部に交流電動モーター2基とニッケル水素電池の駆動用バッテリーを搭載する。燃料の水素を多く積めて長距離を走行できるため、燃料電池は大型電動バスの動力源としてうってつけといえる。バス以外にも車内スペースの制約がない産業用車両で燃料電池の導入が進んでいる。

出典：トヨタ

図3-9-4　各種乗用車の走行コスト

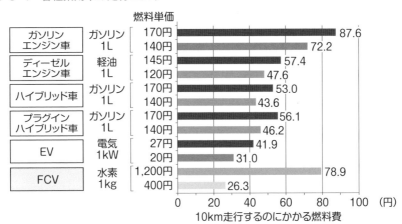

ガソリンエンジン車は「カローラX」、ディーゼルエンジン車は「MAZDA2」、ハイブリッド車は「プリウスE」、プラグインハイブリッド車は「プリウスPHV S」、EVは「リーフ」（バッテリー容量40kWh）、FCVは「MIRAI G」で、それぞれ最新（2022年10月現在）の2WDベーシックモデルにおけるWLTCモードを参考に作成。また、EVは家庭での普通充電、FCVは水素ステーションでの水素充填を想定している。FCVは水素インフラが整備されて車両販売台数が増えれば、走行コストが最も安くなると期待される。

家庭用燃料電池システム

　定置用（据え置き形）燃料電池システムは、各種工場、大型施設などで導入が進められており、身近なところでも**家庭用燃料電池システム**がゆっくりとですが普及しています。家庭用燃料電池システムは通称**エネファーム**と呼ばれており、メーカーを問わず同種製品の統一名称になっていますが、商標権は東京ガス、大阪ガス、ENEOSの3社が保持しています。

●コジェネレーションシステムとしてのエネファーム

　エネファーム開発のそもそもの目的は、家庭でのガス発電とその排熱を利用するコジェネレーションにあります。そのためガス会社と石油会社が研究開発を主導し、当初はガスエンジンで発電し、2003年から「**エコウイル**」の名称で発売されました。しかし、2009年に固体高分子形燃料電池（PEFC）を用いたエネファームが登場した後、2017年にエコウイルは販売を終了しました。ただし、ガスエンジンを用いた家庭用コジェネレーションシステムには他の商標で現在も販売が続けられている製品もあります。

　一方、エネファームは2011年から急激に販売数が増加しました〈図3-10-1〉。これは同年3月に発生した東日本大震災によって電力危機が引き起こされ、東北、関東の広い地域で停電が発生し、また計画停電も実施されたため、自家発電が注目されたからです。しかし、機種にもよりますが、設置費用などを合わせると100万円以上の導入コストがかかることもあり、近年は販売数が伸び悩んでいます。

●エネファームのシステム概要

　図3-10-2はエネファームのシステム概略図です。エネファームは一般的に都市ガスやLPガスなどを原燃料とし、それを改質して水素をつくり発電します。したがって、改質器の設置が必要になります。また、燃料電池の排熱を利用してコジェネレーションを行うので、お湯を沸かしてそのお湯をためておく貯湯タンクも必要ですが、いつでも使える湯量を確保するためには

けっこうな大きさになります　なお、エネファームを自動運転する場合、発電時間は電力とお湯の使用状況に応じて異なります。

図3-10-1　エネファームの販売台数の推移

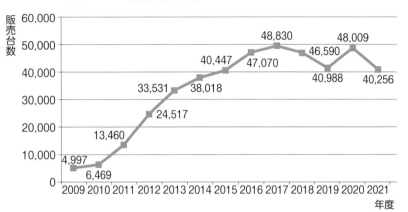

コージェネレーション・エネルギー高度利用センター（通称コージェネ財団）調べ。近年は伸び悩んでいるものの、累積販売台数は2018年度に30万台を超え、2021年度に40万台を超えた。2023年6月末現在の累積販売台数は485,972台。

図3-10-2　エネファームのシステム概要

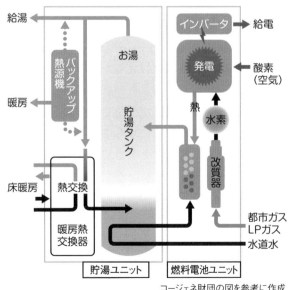

家庭用燃料電池の定格出力は日本では700W〜1kWで、不足分は電力会社の電力（系統電力）を使う。燃料電池で発電した電気は直流なので、インバータで交流に変換して給電する。同時に、発電時の排熱で水道水を沸かしてお湯をつくり、貯湯タンクに貯え給湯や暖房に使用する。

コージェネ財団の図を参考に作成

エネファームの出力は通常700W～1kWで、足りない分は電力会社の電力（以下、系統電力）を使用します。ただし余った電力を電力会社に売電できるかどうかは販売会社によって対応が異なります。

●停電時の電力供給

前述したとおり、東日本大震災後の停電頻発がエネファームの販売台数を伸ばしたのですが、じつは当時のエネファームは停電時に運転できない仕様でした。というのは、系統電力がないと燃料電池が作動しなかったからで、それでは燃料電池の発電機としての価値が薄まりますので、改良が施され自立して電力供給を行えるようになりました。仮にエネファームが運転中に停電が発生した場合、ただちに系統電力から切り離され、燃料電池のみから（または他の外部電源と協同して）電力が供給されます〈図3-10-3〉。また、エネファームが停止中に停電が発生した場合は、備え付けの蓄電池（二次電池）で改質器などを作動させ自立運転を開始します。ただし、メーカー・製品によって仕様が異なるので、これも確認が必要です。

●高温形のエネファーム

PEFCを用いたエネファームに加えて、2011年に新たに固体酸化物形燃料電池（SOFC）を用いた「**エネファーム type S**」（以下、type S）が発売されました。エネファーム用燃料電池にまずPEFCが採用されたのは、作動温度が低いために起動や停止が容易で短時間で行えるからです。また、構造が簡単で素人ユーザーでも保守点検が容易なことも利点でした。

それに対して、type Sの最大の特徴はSOFCが高温で作動するので、発電効率が非常に高いことです。そのため、主に熱よりも電気を使用するほうがエネルギーを有効に利用できるので、貯湯タンクを小型化しています。また、SOFCでは原燃料の改質に必要な熱も自前でまかなうことができ、改質の過程で発生する一酸化炭素も燃料にできるために一酸化炭素を無害化する装置もありません。このようにシステム全体をコンパクトにできるのがtype Sのメリットといえます。ただし、頻繁なオン／オフは高温作動のため装置に負荷がかかり耐久性に影響するので、連続運転を基本とします。表3-10-1でエネファームとtype Sの仕様を比較しました。

一般にエネファームは戸建て住宅用が主ですが、マンションの各戸に設置できるタイプのものもあります。またエネファームのシステムを応用して燃料電池の数を増やし、数kW以上に高出力化したコジェネレーションシステムも開発され、コンビニエンスストアやファミリーレストランなどに導入される例が増えており、純水素を燃料にした製品も販売されています。

図3-10-3　エネファームの発電電力例（停電が発生した場合）

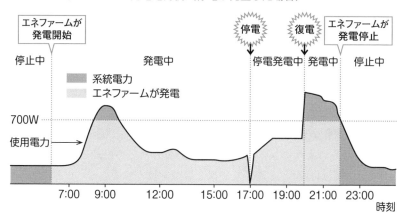

出力700Wのエネファームの発電例。エネファームが停止中は系統電力を使用し、作動中は700Wまではエネファームが発電した電力でまかない、それを超える分は系統電力を使用する。（系統電力の）停電が発生すると、系統電力から切り離されエネファームのみで電力が供給されるが、このとき一般に家庭内にあらかじめ設置されたエネファーム電力用コンセントに家電製品のコードを接続する必要がある。

表3-10-1　エネファームとエネファーム type Sの比較

商標（商品名）	エネファーム	エネファーム type S
製造会社	パナソニック	アイシン精機
燃料電池の種類	固体高分子形（PEFC）	固体酸化物形（SOFC）
定格出力	700W	700W
（通常運転時出力）	200W〜700W	50W〜700W
（停電時自立出力）	最大500W	最大700W
総合エネルギー効率	97%	87%
（発電効率）	40%	55%
（熱回収効率）	57%	32%
熱電比	1.43	0.58
貯湯タンク	130L	25L
貯湯温度	約60℃	約65℃
最大連続運転	120時間（5日間）	26日間

パナソニックとアイシン精機の公表データ。どちらも都市ガスを原料とする場合で、通常お湯や電気の使用量を検知しながら最大の省エネ効果が得られるように運転される。熱電比は出力エネルギーにおける熱と電気の比率を表し、熱の割合が大きいほうが数値が大きくなる。

⚠ 水素社会③ 各国の水素戦略

　水素が持つエネルギーを熱源、動力源、電力源として活用する「水素社会」の到来が迫っている。「水素社会」では、再生可能エネルギーや原子力、化石燃料とともに、水素が国や地域を支える主力エネルギーの一角を占めるようになる。

　水素への世界的な注目の高まりは、もとはカーボンニュートラルの観点からだったが、2022年のロシアによるウクライナ侵攻以後は、エネルギー安全保障の面からも水素が重要視されるようになった。各国・組織がとる水素戦略の概要は以下のとおり（『水素基本戦略』2023年6月6日 再生可能エネルギー・水素等関係閣僚会議より抜粋）。

①EU（欧州連合）：グリーン水素にこだわるEUは、2030年までに再生可能エネルギーによる40GW（4,000万kW）の水電解装置を導入し、域内の水素生産1,000万トン/年を目指す。加えて域外から1,000万トン/年を輸入し、これらによりロシアの化石燃料への依存からの脱却を図る。そのために欧州水素銀行などを通じて各種支援金を投入する。なお、EUの全体方針のもと、加盟各国それぞれも独自の目標や支援策を打ち出している。

②イギリス：2030年までに低炭素水素の製造能力を年間約20万トン確保し、そのうち約10万トンを水電解でまかなうことを目指す。低炭素水素とは、水素の製造・輸送・利用において二酸化炭素の排出が少ない水素のこと。低炭素水素と化石燃料との価格差を埋める支援策も導入する。

③アメリカ：2031年までにクリーン水素（グリーンやブルーなど）の価格を1ドル/kgにし、年間生産量を2030年までに1,000万トン、2040年までに2,000万トン、2050年までに5,000万トンに拡大する。また、クリーン水素の製造に対して税額控除や支援金の投入を行う。

④インド：グリーン水素移行へ向けて、水電解装置の国産化とグリーン水素の製造それぞれについて財政的優遇策を提供する。ただし、水電解装置等のグリーン水素の製造設備には「政府の承認」が必要とされる。

⑤中国：2025年にFCV5万台、グリーン水素製造10〜20万トン/年の実現を目指す。自治体レベルでも独自の計画を発表しており、たとえば北京市では2025年までに水素ステーション74カ所設置等を発表している。

第 4 章

核融合の燃料は
水素の同位体

水素がほかのエネルギーキャリアとまったく異なるのは、
核エネルギーを運ぶことができる点です。
といっても、水素そのものではなく、水素の同位体である重水素や
三重水素が人工核融合の燃料になるのです。
核反応については、まだわかっていないことがたくさんあります。
その中の1つ、もしかすると常温核融合ではないかという期待もある、
話題の凝集系核反応についても触れました。

4 -1 核分裂と核融合

エネルギーキャリアとしての水素について、最後に紹介するのは究極のエネルギー源といわれる核融合反応です。**核融合（原子核融合）**反応とは、小さな原子核どうしが合体してより大きな原子核に変わる反応です〈図4-1-1〉。水素はその核融合反応の燃料です。核融合反応では少量の燃料で膨大なエネルギーが放出されることに加え、核分裂反応を利用した現行の原子力発電より安全に発電できるため、長年夢のエネルギー源とされてきました。

●核反応と放射線

核融合は数多い核反応の一種です。**核反応（原子核反応）**とは、原子核と原子核、あるいは原子核と核子（陽子、中性子）が衝突して原子核が変化する反応の総称です。酸化や還元などの化学反応は電子をやり取りして原子の結びつきを変える反応であるのに対して、核反応は原子の原子核そのものを変化させる反応で、原子核を構成する陽子や中性子の結びつきが変化します。

各種の核反応では種々の**放射線**が発生します。放射線とは原子から電子を弾き飛ばしてイオン化する（電離作用という）能力を持つエネルギー線〈➡p38〉をいい、粒子線と電磁波があります。なお、放射線を出す能力を放射能といいます。

●核分裂と核融合の違い

核融合反応とは逆に、大きな原子核が小さな原子核に分裂する反応が**核分裂（原子核分裂）**反応です。核分裂反応でも膨大なエネルギーが放出されるので、これを利用して発電しているのが原子力発電所です。

原子力発電所ではウラン燃料に中性子を衝突させて2つの原子核に分裂させ、そのとき発生する熱エネルギーを利用して水を蒸気に変え発電します。このとき新たに2～3個の中性子が生まれ、別のウラン原子に衝突して核分裂を起こさせるので、核分裂反応が連鎖的に進みます〈図4-1-2〉。この連鎖反応はそのままでは暴走するので、原子力発電所は中性子を吸収する制御棒を操

作し、中性子の数を調整することで連鎖反応が一定の割合で起こるように運転しています。

図4-1-3で、核融合発電が実現した場合、100万kWの発電に必要な燃料を火力発電および核分裂発電（現在の原子力発電所）と比較しました。

図4-1-1　核融合反応の例

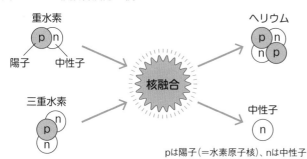

pは陽子（＝水素原子核）、nは中性子

水素の同位体である重水素と三重水素（トリチウム）の原子核が衝突して核融合すると、ヘリウムの原子核と中性子が生じ、膨大なエネルギーが放出される。重水素と三重水素の核融合反応をD-T反応と呼ぶ〈➡p134〉。

図4-1-2　核分裂反応の例

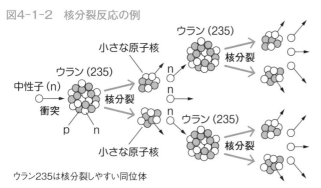

ウラン235は核分裂しやすい同位体

ウラン（235）に中性子を照射すると、核分裂反応によって小さな原子核に分裂して2〜3個の中性子が生じ、膨大なエネルギーが放出される。この中性子が別のウラン（235）に衝突すると同様の核分裂が起こり、核分裂反応が連鎖的に進行する。核融合反応ではこのような連鎖反応は起こらない。

図4-1-3　100万kW級発電所が1年間で消費する燃料

核融合で生み出されるエネルギーは核分裂のそれより大きい。燃料の重水素と三重水素1gでの核融合による発電量は、石油火力発電において石油8tを燃やすのに匹敵する。対して、ウラン燃料1gでの核分裂による発電量は石油1.8t分に過ぎない。

4 -2 太陽と ITER

　夢のエネルギー源とされる核融合を実際に行っているのが太陽です。我々地球上の生物のほぼすべてが太陽エネルギーの恩恵を受けて生きていますが、そのエネルギーは核融合反応によって生じたものです。太陽の内部では水素どうしが核融合し、ヘリウムが生成〈図4-2-1〉されているほか、さまざまな原子核融合反応が起きています。

●太陽の核融合

　宇宙の物質のほとんどは、太陽のような恒星内部で起きている核融合反応によって生成されたと考えられています。太陽の質量は地球の約33万倍もあり、中心部は圧力が2,000億気圧、温度が約1,600万度という超高圧・超高温の状態です。太陽ではおよそ46億年にもわたって核融合反応が続いており、現在燃料の水素の半分程度を消費したと推測されています。そしてこの先、軽い原子が減ればより重い原子の核融合が始まります。

　しかし、太陽くらいの大きさの恒星でできるのは炭素や酸素の原子くらいまでで、太陽の8〜10倍の恒星でも鉄原子の生成がほぼ限界とされています。そして、鉄より重い原子は天体どうしの衝突や超新星で生成されると考えられています。超新星とは、太陽より重い恒星が寿命の最後に大爆発を起こして明るく輝く現象のことです。

●地上に太陽をつくるITER事業

　太陽で起こっている核融合反応を地上で人工的に実現することを「地上に太陽をつくる」と表現します。それを目指して、主要国が協力して核融合実験炉の建設を進めているのが**国際熱核融合実験炉（ITER：イーター）**事業です。ITERはもとは「International Thermonuclear Experimental Reactor」の頭文字を取った略語でしたが、その後フランスに建設中の国際熱核融合実験炉を指す固有名詞になりました。ITER事業は日本、米国、EU、インド、中国、韓国、ロシアが参加する国際共同プロジェクトで、2025年

の運転開始を目指しています。ITERのこれまでの経緯を表4-2-1に簡単にまとめました。ITERはあくまでも核融合反応を安定的に持続できるかどうかを実証するための**実験炉**であり、発電は行いません。ITERの次には発電が可能かどうかを確かめる**原型炉**が建設される予定で、最終的な商業炉の実現はまだまだ先になります。

図4-2-1　太陽内部の水素核融合

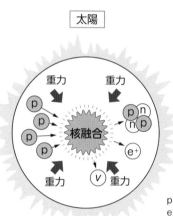

超高圧・超高温の太陽中心部では、水素の核融合反応が起こっている。4個の水素が融合してヘリウムが生成され、2個の陽電子と2個のニュートリノとともに膨大なエネルギーが放出されている。$4H \rightarrow He + 2e^+ + 2\nu$。水素の原子核は陽子なので、水素の核融合を陽子と中性子で表すと、$4p \rightarrow ppnn + 2e^+ + 2\nu$。

p は陽子（＝水素原子核）、n は中性子、
e^+ は陽電子、ν はニュートリノ

表4-2-1　ITER の経緯

年	経　過
1985	米ソ首脳会議（レーガン・ゴルバチョフ）で核融合の国際共同開発に合意
1988〜2001	概念設計活動と工学設計活動（日本・EU・ロシア・米国）
（1999年）	米国が撤退
2003	米国（復帰）・中国・韓国が政府間協議に参加
2005	ITER建設地がフランスのサン・ポール・レ・デュランスに決定 インドが政府間協議に参加
2006	ITER機構設立協定締結
2007	ITER協定発効
2010	トカマク建屋の工事開始 ※1
2020	ITERの組立を公式に開始
2025	ファースト・プラズマ（運転開始）予定 ※2

※1 トカマクはITERが建設を進めている核融合炉の種類。トカマク→p138
※2 ファースト・プラズマとは核融合燃料に初めて着火すること。プラズマ→p136

ITERは大規模な国際共同プロジェクトだが、核融合炉の開発研究については、先進各国がそれぞれ独自にさまざまな方式を検討し推進している。

4-3 核融合の燃料と反応

ITERでは、太陽と違って核融合反応の燃料として水素ではなく、水素の同位体である重水素と三重水素（トリチウム）〈➡p38〉を使用します。水素を燃料としないのは、核融合反応が起こりにくいからです。水素の原子核は陽子1個のみからなり、中性子がありません。どうやら中性子がないことが核融合の反応条件が厳しくなる理由のようなのですが、くわしいことはわかっていません。じつは太陽でも水素どうしの核融合反応は起こりにくく、1個の水素が他の水素と核融合する割合は100億年に1度ともいわれています。ただ、太陽には莫大な数の水素があるために、全体としては相当な反応が起こっており、すさまじい量のエネルギーを放出しているのです。

●ITERの核融合反応

ITERの設計では、重水素と三重水素の核融合によりヘリウムが生成し、このとき中性子が発生します。これを**D-T反応**といいます〈➡p131・図4-1-1〉。

《D-T反応》$D + T \rightarrow {}^4He + n$

Dは重水素（Deuterium）、Tは三重水素（Tritium）、^{4}Heはヘリウム4（陽子2個＋中性子2個の原子核を持つふつうのヘリウム）、nは中性子（neutron）です。このD-T反応は軽元素による各種核融合反応の中で最も起こりやすいため、ITERの主反応になります。

なお、気が早い話ですが、第2世代の核融合炉と目されているのがD-D反応です。D-D反応には2種類あり、重水素どうしの核融合で三重水素やヘリウム3などが生成されます〈図4-3-1〉。ただし、反応を起こすためには6億℃以上の高温が必要だと考えられています。

●無尽蔵にある重水素

燃料の重水素は海水に豊富に含まれ、無尽蔵にあります。自然界の水素原子のうち7,000個に1個は重水素だといわれています。それに対して、三重水素は自然界には（比率的には）ほとんど存在しないので人工的につくる必

要がありますが、核融合炉の中でリチウムを用いてつくることができます。リチウムが中性子を吸収すると、図4-3-2に示した2式の核分裂反応により、ヘリウム4とともに三重水素が生成されます。つまり、ITERが目指す核融合炉の主反応はD-T反応ですが、真の燃料は重水素とリチウムともいえます。

図4-3-1　2種類のD-D反応

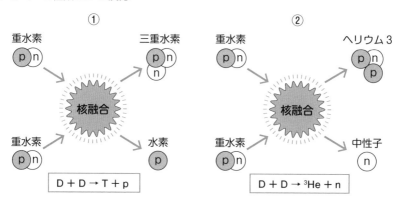

重水素どうしの核融合反応（D-D反応）には2つあり、①ではT（三重水素）とp（陽子＝水素の原子核）が生成し、Tは再び（D-T反応の）燃料になる。②では³He（ヘリウム3）とn（中性子）が生成する。ヘリウム3は原子核が陽子2個と中性子1個からなるヘリウムの安定同位体で、ふつうのヘリウムより中性子が1個少ない。

図4-3-2　リチウムを利用して三重水素を得る反応

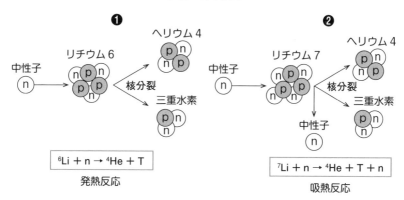

核融合炉内でリチウムから三重水素を生産することができる。⁶Li（リチウム6）と⁷Li（リチウム7）はともに安定同位体で、❶⁶LiがD-T反応で生じた中性子を吸収すると核分裂し、ヘリウム4と三重水素が生成する（発熱反応）。❷⁷Liが中性子を吸収すると核分裂し、ヘリウム4と三重水素が生成されるとともに、中性子が放出される（吸熱反応）。

核融合の条件と質量欠損

核融合反応を起こさせるためには、1億℃以上の超高温状態が必要になります。このような超高温状態では物質はすべてプラズマ状態になります。

●核融合はプラズマで起こる

プラズマとは原子から電子がはがれ、原子核（陽イオン）と電子がばらばらになって気体のように飛び回っている状態をいいます〈図4-4-1〉。日本語では**電離気体**といいますが、通常の気体と物理的性質が大きく異なりますので、物質の三態（固体・液体・気体）とは別の第4の状態とされます。身近なプラズマとしては、たとえば蛍光灯は水銀プラズマを利用して発光しており、どんな物質でも数千〜1万℃でプラズマになります。温度が約1,600万℃の太陽内部ももちろんプラズマ状態であり、宇宙の原子の99.9%はプラズマ状態にあるとされます。

核融合では原子核どうしが衝突しなければならないため、邪魔な電子がはがれたプラズマのほうが都合がよいのです。しかし、太陽は1,600万℃で核融合が生じるのに、ITERではなぜ1億℃以上の温度が必要なのでしょうか。その理由は、陽子が持つプラス電荷のせいで原子核どうしが反発するので、その力に打ち勝って衝突させるために超高速で運動（＝超高温）させなければならないからです。太陽の場合は強大な圧力が中心部を高密度にしているために、そこまでの高温は必要ありません。ITERでは超高温の熱運動で核融合反応が起こるので**熱核融合**と呼ばれます。

●質量欠損と核融合エネルギー

核融合反応では、原子核を構成する陽子や中性子の結びつきが変化することで膨大なエネルギーが生じますが、その大きさはアインシュタイン博士（1879-1955）が提唱した、世界でいちばん有名な公式ともいわれる「$E=mc^2$」によって説明できます。Eはエネルギー、mは質量、cは光速度で、エネルギーと質量は等価であり、変換可能であることを示しています。D-T反

応を例にとると、融合前の重水素と三重水素の合計質量より、融合後のヘリウム4と中性子の合計質量は小さくなります（**質量欠損**という）。この減少した質量がエネルギーに変わって放出されるのです〈図4-4-2〉。

　なお、ウランの核分裂でも同様に分裂後の合計質量は分裂前より減少し、その差が放出エネルギーとなり発電に利用されています。

図4-4-1　物質の三態とプラズマ

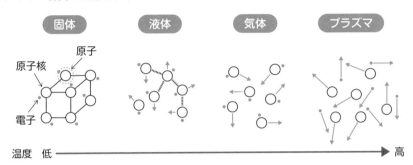

物質の温度を上げていくと固体→液体→気体と状態が変化するが、物質中の原子は原子核と電子が結合したままである。しかし、さらに温度を上げて電子が十分なエネルギーを得ると、静電気力による束縛から逃れて原子核と電子がばらばらに電離する（＝プラズマ）。プラズマ中にはプラスの電荷を持つ原子核（陽イオン）とマイナスの電荷を持つ電子が混在するが、全体としては電気的に中性である。

図4-4-2　D-T反応の質量欠損と放出するエネルギーの計算

原子や核子の質量は非常に小さいので、単位に「amu（atomic mass unit：原子質量単位）」または「u」を用いる。1amuは炭素12原子の質量の12分の1で、陽子や中性子の質量とほぼ同じ。1amu＝1.66054×10^{-27}kg

①反応前の全質量は、2.01410＋3.01605＝5.03015（amu）、②反応後の全質量は、4.00260＋1.00867＝5.01127（amu）。よって欠損する質量は、①－②＝0.01888（amu）。これがエネルギーに変わるので、質量m＝$0.01888 \times 1.66054 \times 10^{-27} = 3.13510 \times 10^{-29}$（kg）、光速度c＝$2.99792 \times 10^8$（m/秒）をE＝$mc^2$に代入して、E＝$2.81768 \times 10^{-12}$（kg・$m^2$/秒^2＝J）を得る。エネルギーの単位をMeV（メガ電子ボルト）に換えると、1J＝6.24151×10^{18}eVより、E＝17.59MeV。D-T反応では放出されるエネルギーのほとんどがヘリウム（約3.5MeV）と中性子の運動エネルギー（約14.1MeV）になる。

プラズマの閉じ込めと加熱

核融合反応を利用して発電を行うためには、重水素と三重水素のプラズマを炉内になるべく長く閉じ込めて核融合反応を起こさせる必要があります。しかし、1億℃以上の超高温プラズマを閉じ込める容器など存在しません。では、どのようにしてプラズマを閉じ込めるのか。現在最も有力なのは、磁場閉じ込めという方法です。

●磁場閉じ込め

太陽は強大な重力で水素プラズマを中心に引きつけており、これを**重力閉じ込め**といいます。しかし、太陽のような強大な重力を人為的に長時間つくるのは難しいので、考え出されたのが磁場でプラズマを空中に浮かせて閉じ込める方法です。磁場中を運動する荷電粒子の原子核（＝陽イオン）や電子は、磁場から常に**ローレンツ力**を受けるため、磁力線に巻きつくようにらせん運動します〈図4-5-1〉。これを**ラーモア運動（ラーマー運動）**といい、ラーモア運動を利用してプラズマを閉じ込める方法を**磁場閉じ込め**といいます。磁場閉じ込め装置の代表的なものにはトカマク方式とヘリカル方式があり、ITERは世界最大のトカマク装置です。

①**トカマク方式**：トカマク（TOKAMAK）とはロシア語で「強力な磁場の容器」を意味する言葉の頭文字からとった言葉で、トカマク方式ではドーナツ形の円環体（**トーラス**という）の表面にねじれた磁力線をはわせてプラズマを閉じ込めます。磁力線をねじるのはプラズマを閉じ込めやすくするためであり、直交する2つの磁場、**トロイダル磁場**と**ポロイダル磁場**の合成でつくります。トロイダルとは「環状体の」という意味で、トロイダル磁場はトーラスの円周方向の磁場になります。また、ポロイダルとは「極方向の」という意味で、トーラスの断面を周回する方向の磁場になります〈図4-5-2〉。

ITERのトカマク炉では具体的に次のようにプラズマの磁場閉じ込めを行います〈図4-5-3〉。まず、トーラス状に18個並べた**トロイダル磁場コイル**に電流を流して、トロイダル方向の磁場（トロイダル磁場）をつくります。そ

して、トロイダル磁場コイルの中心に設置された中心ソレノイドコイルに電流を流して電磁誘導でプラズマにも電流を流します。ソレノイドコイルとは理科の実験でよく使われる筒状に巻いたコイルです。プラズマは荷電粒子の集まりなので容易に電流（プラズマ電流という）が流れ、この電流でポロイダル方向の磁場（ポロイダル磁場）をつくります。この2つの磁場でねじれ

図4-5-1　磁力線に巻きつく荷電粒子

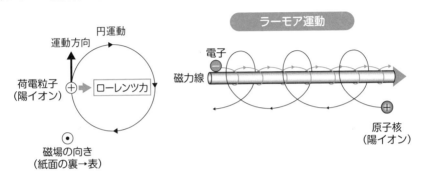

磁場中を磁場の向きに対して垂直方向に運動している荷電粒子は、磁場の向きと運動の向きに対して常に垂直な力（**ローレンツ力という**）を磁場から受ける（フレミングの左手の法則）。これを向心力として荷電粒子は磁力線の周りを円運動（**サイクロトロン運動という**）しようとし、結果的に磁力線に巻きつくように運動（**ラーモア運動**）する。重い原子核（陽イオン）は大きならせんを描き、軽い電子は小さならせんを描く、また原子核と電子は電荷の符号が逆なので反対方向に進む。

図4-5-2　トロイダル方向とポロイダル方向

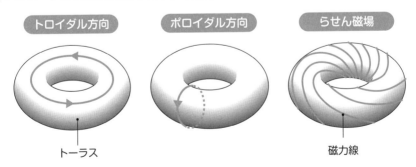

トロイダル方向とはトーラスの円周上を回る方向、ポロイダル方向とはトーラスの断面を回る方向。つまりトロイダル磁場とポロイダル磁場の向きは直交するため、合成磁場は斜め方向になり、磁力線はらせん状になる。このらせん状の磁力線に荷電粒子が巻きつく。

た磁力線が生じ、プラズマを閉じ込めやすくなるのです。そして、最後に**ポロイダル磁場コイル**でプラズマ全体に内向きの力を加え、ようやくプラズマをうまく閉じ込めることができます。

　なお、上記のコイルには超伝導線が使われます。**超伝導**とは超低温で電気抵抗がゼロになる現象をいい、熱損失なく電流が流れるので効率的に強力な磁場がつくれます。

②**ヘリカル方式**：**ヘリカル**とは「らせん形の」という意味で、超伝導磁場コイル自体をらせん形にねじってトーラス状に巻きます。これを**ヘリカルコイル**といい、電流を流してねじれた磁力線をつくります。したがって、トカマク方式と違ってプラズマに電流を流す必要はありません。日本の核融合研究所が独自に研究開発している大型ヘリカル装置のLHD（Large Helical Device）では、2本のねじれたヘリカルコイルを使用します〈図4-5-4〉。

●プラズマの加熱

　磁場閉じ込め形の炉で核融合反応を起こすためには、閉じ込めたプラズマを1億℃以上に加熱しなければなりません。トカマク方式ではプラズマに電流が流れるときに電気抵抗による熱が発生しますが、これだけでは原理的に1,000万℃くらいにしか温度が上がりません。そこで、外部からプラズマに向けて中性粒子ビームあるいは電磁波を照射してプラズマを加熱します。

　高速の中性粒子を入射すると、電荷を持っていないので磁力線の影響を受けずにプラズマに到達してエネルギーを伝えることができます。これを**中性粒子ビーム入射加熱法**といいます。

　一方、電磁波を照射すると電子レンジの原理と同様の作用でプラズマが加熱されます。電子レンジでは水分子の共鳴周波数のマイクロ波を食品に照射し、食品中の水分子を振動させることで食品を加熱します。この原理を応用して、磁力線に巻きついて旋回しているプラズマを共鳴振動させて加熱する方法を**高周波加熱法**といいます。

　そして核融合反応（D-T反応）が始まると、高いエネルギーを持った中性子とヘリウム原子核が生成します〈→p131・図4-1-1、p137・図4-4-2〉。このうち中性子は電荷を持っていないためプラズマを飛び出すので、この運動エネルギーの一部を発電に利用します。一方のヘリウム原子核はプラスに荷

電しているため磁力線に巻きつき、プラズマ粒子と衝突してプラズマを加熱することから、核融合反応が始まると外部からの加熱は必要なくなります。

図4-5-3　トカマク炉（ITER）の構造

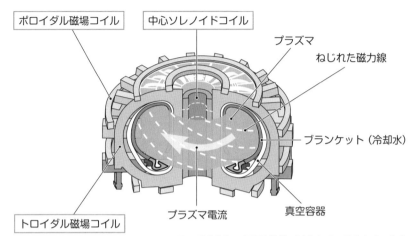

量子科学技術研究開発機構・近藤貴氏の図を参考に作成

トロイダル磁場コイル・中心ソレノイドコイル・ポロイダル磁場コイルの3種類の超伝導コイルで磁場をつくり、真空容器にプラズマを閉じ込める。プラズマの位置や形状は炉の性能に影響を与えるため、ポロイダル磁場コイルで制御する。また、ブランケットには冷却水が流れており、核融合反応で発生した中性子の運動エネルギーで数百℃のお湯をつくるとともに、リチウムと中性子の反応で三重水素を生産する。

図4-5-4　ヘリカル方式のねじれたコイル

LHD（大型ヘリカル装置）計画ではねじれた一対（2本）の超伝導コイルのみでねじれた磁場（磁力線）をつくりプラズマを閉じ込める。トカマク炉ではプラズマ電流を安定的に維持するのが研究課題の1つだが、ヘリカル炉ではプラズマに電流を流す必要がなく、ヘリカルコイルに電流を流しておけば閉じ込め磁場を長時間維持できる。ただし、精密なコイル形状の製作が必要になる。世界的にはトカマク炉の研究者が8割を占めるのに対して、日本ではヘリカル炉研究の歴史が長いこともあり、ほぼ半数がヘリカル方式の研究に従事している。

レーザー核融合

前出の磁場閉じ込め方式による核融合とは原理的にまったく異なる方法で核融合反応を起こす、レーザー核融合炉の研究も進められています。

●レーザーでプラズマを瞬時に加熱

レーザー核融合は、重水素と三重水素の混合ガスに強力なレーザー光を照射することによって核融合させる方法です。レーザー核融合にもいくつかの方法が研究されており、たとえば重水素と三重水素を超低温に冷却固化して直径数mm程度の小さな球体をつくり、中を空洞にしてそこに燃料の重水素と三重水素のガスを封入したペレットをつくります。それを真空容器の中に投入し、周囲から強力なレーザー光を照射して瞬時に加熱するのです〈図4-6-1〉。このとき爆縮という燃焼現象が生じ、核融合反応が起こります。

●爆縮で核融合を起こす

爆縮とは爆発で生じる内向きの衝撃波によって圧縮される現象をいい、**衝撃圧縮**ともいいます。レーザー核融合では、レーザー照射を受けたペレット外殻の水素同位体が熱によってプラズマになり、急膨張（爆発）しますが、このとき反作用で衝撃波が生じ、燃料ガスが中心に向かって急激に圧縮されます。そして、プラズマが1億℃以上の高温と固体密度の1,000倍以上という高密度のプラズマになり、核融合反応が起こります〈図4-6-2〉。

反応は圧縮された燃料プラズマが慣性によってその場に止まる100億分の1秒程度のごく短い時間に起こるため、これをプラズマの**慣性閉じ込め**といい、レーザー核融合のように慣性閉じ込めで核融合を行う方式を慣性核融合ともいいます。**慣性**とは質量を持つ物体が現在の運動状態を保とうとする性質をいい、静止している物体は静止し続けようとします。

このような慣性閉じ込め装置では磁場をつくる必要がなく、構造がシンプルになります。しかし、燃料ガス（プラズマ）を均一に圧縮するためには、四方八方から複数台のレーザー発振器で正確にペレットに照射し、しかも高

精度に同期させなければならないという技術的な難易度があります。

　レーザー核融合では反応させたペレットはただちに飛散してしまうので、すぐに次のペレットを投入してレーザーを照射します。つまり、磁場閉じ込め方式のように核融合炉を連続的に運転するのではなく、1秒間に10回程度のレーザー照射で間歇的（かんけつ）に運転します。

図4-6-1　レーザー核融合炉のしくみ

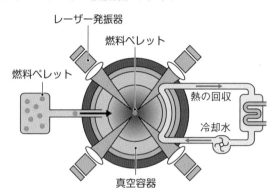

燃料の重水素と三重水素のガスを封入した**燃料ペレット**を真空容器に投入し、周りから複数のレーザー発振器でレーザーを照射して核融合反応を起こさせる。レーザー発振器のように**燃料ペレットにエネルギーを注入する装置をエネルギードライバー**といい、高出力レーザーのほかにイオンビームや瞬間的に高電圧大電流を放電するパルスパワーなども研究されている。

原子力委員会の図を参考に作成

図4-6-2　爆縮によるプラズマ圧縮

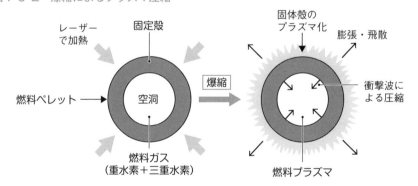

爆縮は作用・反作用の法則に従い、燃料ペレットの外殻が加熱されて膨張・散乱するのに伴って生じる。爆縮が進むと燃料ガスの温度・圧力が上昇してプラズマになり、1億℃以上で核融合反応（D-T反応）が開始される。レーザーの照射時間はわずか10億分の1秒で、反応時間はわずか100億分の1秒程度。なお、反応を生起する方法には、高出力のレーザーを1回照射して（自発的に）核融合に至らせる**中心点火方式**と、低出力のレーザーで燃料プラズマが最大限に圧縮された瞬間に2回目（追加熱）のレーザー照射を行う**高速点火方式**がある。

実用化先行の
量子水素エネルギー

　磁場閉じ込め方式にしろ、慣性閉じ込め方式にしろ、核融合を起こさせるには1億℃以上の超高温状態をつくらねばならず、そのために大掛かりな装置が必要でした。ところが1989年米英の電気化学研究者が、常温の小さな実験室で核融合に成功した可能性があると発表して世界を驚かせました。

●常温核融合ブームの到来と衰退、そして復活か

　1989年、米英の研究グループが、パラジウム（Pd）を電極に用いて重水（D_2O）を常温で電気分解したところ、化学反応ではありえない異常な発熱が見られたとし、電極内で核融合（D–D反応➡p134）が生じている可能性を提起しました〈図4-7-1〉。これを受けて世界中で「**常温核融合**」の研究が開始され、ブームともいえる状況になりました。しかし、当初は現象がなかなか再現されず、常温核融合は似非科学だというレッテルも貼られました。

　ところがその後、地道に研究を続けていた研究者たちから続々と過剰熱の発生が報告され始め、これが単純な核融合反応によるものでないことや、電気分解でなくてもナノスケールの金属粒子に重水素や水素（軽水素）が吸蔵されて拡散する過程でも生じることがわかってきました。現状では投入エネルギーを超える熱が出ることが確実視されています。ただ、その核融合がどのような原理で生じるのかはまだ不明です。いくつかの理論が提唱されていますが、確証は得られていません。なお、この未知の核融合は現在、**凝集系核反応、固体内核反応、低エネルギー核反応**などさまざまに呼ばれています。

●世界初の量子水素エネルギーを利用したボイラー

　過剰発熱の理論的説明が不十分でも、現実に投入量より大きな熱が得られるのであれば、それを工業利用しようとする動きが世界各地で生まれています。日本では凝集系核反応研究を主導する東北大学の研究チームとスタートアップの（株）クリーンプラネットがタッグを組み、Pdより安価なニッケル（Ni）と銅（Cu）の薄膜を積層したチップを用いて核反応を起こさせ、発

生した熱を利用したボイラーを三浦工業(株)で製造販売予定です。研究グループはこのエネルギー源を独自に**量子水素エネルギー**(Quantum Hydrogen Energy:QHe)と呼んでいます〈図4-7-2〉。QHeの実用化が確かなものになれば、将来的に小型分散型の発電装置につながる可能性があり、またQHeの理論解明が進めば、核物理学の新しい扉が開かれるかもしれません。

図4-7-1　重水の電気分解で核融合?

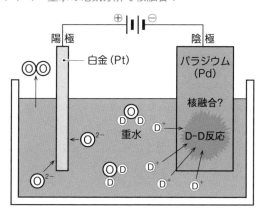

遷移金属は重水素(や水素)を吸蔵しやすく、Pd(パラジウム)はその性質が強い。常温核融合ブームの火付け役となった実験では、Pt(白金)を陽極、Pdを陰極に用いて重水(D_2O)を電気分解したところ、陰極のPdで化学反応では説明できない異常な過剰発熱が見られた。研究チームは重水素(D)を吸蔵したPd内で核融合反応(D-D反応)が起こった可能性を指摘した。

図4-7-2　量子水素エネルギー(QHe)の概念図

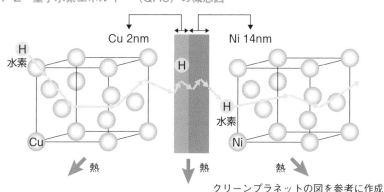

クリーンプラネットの図を参考に作成

東北大学とクリーンプラネットの研究チームは、量子水素エネルギーを「ナノスケール金属複合材料に水素が高密度に吸蔵された状態で、拡散過程中の量子現象により誘発される熱発生反応」と説明している。具体的にはNi(14nm)とCu(2nm)の薄膜を積層して水素を吸蔵させる。これをヒーターで500〜1,000℃に加熱し水素の拡散を促すと過剰な発熱反応が起こる。このとき中性子やγ(ガンマ)線などの放射はほとんど見られない。なおnm(ナノメートル)は10億分の1メートル。

！ 水素社会④ 日本の水素戦略

　世界が水素社会への移行を模索する中、日本は現在世界を牽引する立場にある。日本は水素関連の特許の数と質で世界トップクラスを誇り、世界に先駆けて燃料電池車を実用化させ、家庭用燃料電池（エネファーム）の普及も拡大させてきた。

　また、水素燃焼技術も向上し、水素ボイラーや水素発電、水素エンジン車の開発も順調である。さらに、安価な水素を入手するための国際サプライチェーン構築においても、豪州やブルネイとの間で実証してきた。

　日本政府が世界で初めて『水素基本戦略』を策定したのは2017年であるが、それを皮切りに、2022年までに（日本を含め）26の国と地域が水素戦略を発表した。

　日本は2023年6月に6年ぶりに『水素基本戦略』を改定した。その要旨は「水素エネルギーの需要創出と供給拡大をはかり、水素サプライチェーンを確立し、水素産業の国際競争力を強化するとともに、水素の安全な利活用を実現する」というものであり、前提として「S＋3E」を掲げる。SはSafety（安全性）、3つのEはEnergy Security（エネルギー安全保障）、Economic Efficiency（経済効率性）、Environment（環境適合）である。

　『水素基本戦略』における主な数値目標は以下のとおり（『水素基本戦略』2023年6月6日 再生可能エネルギー・水素等関係閣僚会議より抜粋）。

①**水素供給量**：現在年間200万トンの水素（とアンモニア）供給量を2030年に300万トン、2040年に1,200万トン、2050年に2,000万トンに拡大する。

②**水電解装置**：国内外の日本企業（および関連企業）において水電解装置を15GW（1,500万kW）程度導入する。

③**水素の価格**：現在の水素価格は$1m^3$（0℃、1気圧）当たり約100円（1kg当たり約1,200円）で、LNG（液化天然ガス）の輸入価格（約50円）の2倍である。これを2030年に30円、2050年に20円まで引き下げる。

④**電源構成**：2030年における電源構成のうち、1％程度を水素（とアンモニア）でまかなうことを目指す。

⑤**水素関連投資額**：以上を含めた基本戦略の目標を達成するため、2038年までの15年間で官民合わせて15兆円の投資を呼び込む。

第 5 章

水素の製造と
貯蔵・輸送

エネルギーキャリアとして利用できる水素は、
分子の形の水素、つまり水素ガス（H_2）です。
しかし、地球上に水素原子（H）は無限に存在するものの、
H_2はほとんどありません。
H_2をいかに安価に製造し、貯蔵・輸送するかが、
水素社会の幕を開け、発展させる鍵になります。
現在、世界中の研究機関や企業が水素研究にしのぎを削っています。

5 -1 水素の製造① 副生水素

水素原子は地球上に無限に存在します。しかし、それらは水（H_2O）や炭化水素（C_nH_m）のように他の元素と化合物をつくっており、燃料として使える水素分子（H_2）はほとんどありません。そのためカーボンニュートラルの水素社会を築くためには、水素分子（水素ガス）を大量かつ安価に製造しなければなりません。

●製鉄所の副生水素

日本の基幹産業である製鉄や苛性ソーダ製造、石油化学などの工場では、以前から水素を利用してきました。というのも、これらの工場では大量の副生水素が発生するからです。**副生水素**とは、目的の製品を製造する過程で副次的に生産される水素ガスをいいます。したがって、副生水素はある意味"無料（タダ）"といえます。

たとえば、製鉄所では**コークス炉ガス**、高炉ガス、転炉ガスが発生しますが、それらのガスには水素が含まれています〈図5-1-1〉。このうち、水素含有率が最も高いのはコークス炉ガスで、体積比で約56％も含まれています。従来、副生ガスは工場内の熱源や発電用に燃やされていましたが、現在は余剰分の水素ガスを高純度に精製して出荷されています。コークス炉ガスにはメタンガス（CH_4）も約30％含まれており、廃熱を利用してメタンガスを水素に改質することも行われています。

苛性ソーダの製造でも大量の水素ガスが副生されます。苛性ソーダとは水酸化ナトリウム（$NaOH$）のことで、最終製品に苛性ソーダそのものが含まれていることは少ないですが、非常に多くの化学製品の原料あるいは中間原料として使用されています。

この苛性ソーダは現在、ほぼすべて**イオン交換膜法**で製造されています。苛性ソーダの原料は食塩水で、これを電気分解すると、陰極から水素ガスが、陽極から塩素ガスが発生します〈図5-1-2〉。このとき、陰極と陽極の間を陽イオンだけを通過させるイオン交換膜で隔離すると、陽イオンのナトリウム

イオン（Na⁺）が膜を通って陰極側に集まる一方で、水が電離して生じた陰イオンの水酸化物イオン（OH⁻）は陰極側にとどまるため、両者が結合して水酸化ナトリウム（NaOH）が生じます。これを濃縮したものが苛性ソーダとして出荷されています。

図5-1-1　製鉄所の副生水素

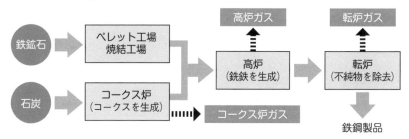

副生ガスの成分例

	組成（体積%）					
	H_2	CH_4	C_mH_n	CO	CO_2	N_2
コークス炉ガス	56	30	3	6	2.5	2.5
高炉ガス	4	—	—	22.5	22.5	51
転炉ガス	1	—	—	68	16	15

日本鉄鋼連盟の資料をもとに作成

鉄鉱石の主成分は酸化鉄であり、コークスを還元剤として使用し酸素を取り除く。コークスは粉砕した石炭を蒸し焼きにしてつくられ、その際に水素を主成分とするガス（コークス炉ガス）が発生する。そしてコークスと鉄鉱石を高炉に入れて溶解すると銑鉄ができ、高炉ガスが発生する。銑鉄とは還元された鉄をいい、炭素や硫黄などの不純物が含まれており硬くて脆い。そのため転炉に移して酸素を吹き込んで不純物を除去する。

図5-1-2　苛性ソーダの製造（イオン交換膜法）における副生水素

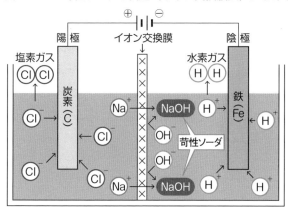

苛性ソーダ（NaOH）はイオン交換膜を用いて、食塩水を電気分解することで製造されている。副生ガスとして陰極から水素、陽極から塩素が発生する。両極で起こる化学反応は次のとおり。陰極：$2H_2O + 2e^- \rightarrow H_2 + 2OH^-$／$2Na^+ + 2OH^- \rightarrow 2NaOH$、陽極：$2NaCl \rightarrow Cl_2 + 2Na^+ + 2e^-$。これらをまとめると、全体の化学反応式は、$2NaCl + 2H_2O \rightarrow 2NaOH + Cl_2 + H_2$となる。ただし、NaOHは水溶液中では$Na^+$と$OH^-$に電離している。

水素の製造②
炭化水素から水素を取り出す

　水素は製品の原料あるいは中間原料としても欠かせない物質の1つです。たとえば、窒素肥料や食品、医薬品などの原料となるアンモニアは、水素と空気中の窒素を合成してつくられています。こうした水素の大半は炭化水素を改質することによって製造されています。

●水蒸気改質法と部分酸化法

　炭化水素から水素をつくる主流の方法は、水蒸気改質法〈➡p114〉と部分酸化法です。図5-2-1は**水蒸気改質法**に用いる改質器の概念図で、たとえばメタンガスを改質する場合、メタンガスと水蒸気を改質器に入れ、金属触媒を使って800℃前後で反応を起こさせると、一酸化炭素と水素が発生します。

《水蒸気改質法》$CH_4 + H_2O \rightarrow CO + 3H_2$

　この反応は吸熱反応なので、外部から加熱し続けます。また、二酸化炭素も発生しますが、ここでは省略します。

　一方、**部分酸化法**では炭化水素と酸素を1,000〜1,400℃で反応させて水素と一酸化炭素に変えます。炭化水素を完全燃焼させず部分酸化させます。

《部分酸化法》$2CH_4 + O_2 \rightarrow 2CO + 4H_2$

　部分酸化法では触媒を使用しなくてもよく、また発熱反応なので原料ガスを予熱するだけで外部加熱は必要ありません。

　なお、どちらの方法でも不純物の一酸化炭素が発生するので、水蒸気と反応させて二酸化炭素に変えます。この反応は発熱反応で**水性ガスシフト反応（CO変成反応）**といい、水素が発生するので水素の収率が高まります。

《水性ガスシフト反応》$CO + H_2O \rightarrow CO_2 + H_2$

●石炭を改質して水素を取り出す

　石炭から水素が得られることはコークス炉〈➡p149〉で紹介しましたが、石炭から水素を目的生産するには石炭ガス化炉が使われます。粉砕した石炭と酸素を炉に入れて高温で加熱すると、水素と一酸化炭素を主成分とする石

炭ガスが生じ、これを精製して製品水素を製造します〈図5-2-2〉。

　2022年、液化水素運搬船〈➡p164〉が褐炭を改質してつくった水素を初め
て豪州から日本に運んできました。褐炭は水分を多く含み、発熱量が小さい
低品質の石炭で、しかも乾燥すると自然発火するため輸出できません。そこ
で、現地で水素に変えて日本に輸送するプロジェクトが始動しています。

図5-2-1　水蒸気改質器の概念図

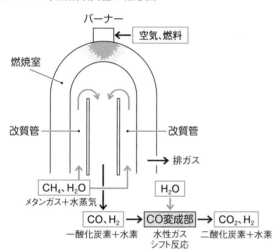

改質器でメタンガスから水素をつくるときの例。バーナーで燃焼室をおよそ800℃まで温め、メタンガスと水蒸気を送り込むと、一酸化炭素と水素（と二酸化炭素）が生成する。一酸化炭素が混じった水素を燃料電池の燃料に用いると、一酸化炭素が白金電極などと結びついて出力を低下させるので、水性ガスシフト反応で二酸化炭素と水素に変えて除去する。

図5-2-2　石炭ガス化による水素製造プロセス

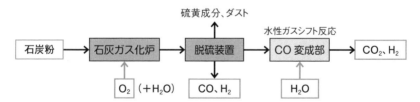

石炭の代表的な性状

組成（重量 %）	褐炭	瀝青炭
水分	60.0	11.1
炭素	27.2	63.8
水素	1.8	4.5
灰分	0.8	9.7
その他	10.2	10.9
発熱量（MJ/kg）	11.5	26.2

石炭ガス化炉に細かく粉砕した石炭と酸素を入れて1,000℃以上に加熱すると、酸素と石炭中の炭素、水分が反応して水素と一酸化炭素が生成する。その後の工程は水蒸気改質と同じ。瀝青炭は一般に「石炭」と呼ばれているもので、火力発電の燃料やコークス製造の原料に利用されている。それに対して輸出に適さない褐炭は未利用になっているものが多く、現地で改質して水素を取り出すことで資源の有効利用につながる。

水素の製造③　水の電気分解

　水の電気分解〈➡p108〉は古くから行われている、最も簡単な水素製造方法の1つです。アンモニア合成に使われる水素も、石炭ガス化法〈➡p150〉に取って代わられる前は水の電気分解でつくられていました。現在は主として、下記①～③の水電解法があります。

●水電解法の種類

①アルカリ水電解：理科の実験でおなじみの方法で、古くから多数の実績があります。苛性ソーダの製造では食塩水を電気分解します〈➡p148〉が、水素を目的生産するアルカリ水電解では水酸化カリウム（KOH）水溶液を電気分解します。不安定な太陽光や風力の電力変動に対する追従性や耐久性に難があるものの、装置が低コストで大型化にも向いています。日本では2020年に福島県浪江町で世界最大級のシステムが運転を開始しました。

②固体高分子形水電解（PEM：Polymer Electrolyte Membrane）：薄い固体高分子膜を電解質に使用し、アルカリ水電解より高い電力効率で水素がつくれます。しかも、純粋な水からも純度の高い水素がつくれ、電力の変動にもよく追従できます。多数の商用実績があるほか、装置がコンパクトなので研究機関でも使用されています。ただし、触媒の腐食防止のために、白金（Pt）やイリジウム（Ir）などの高価な貴金属触媒が用いられます〈図5-3-1〉。

③高温水蒸気電解：液体の水ではなく、700～1,000℃の高温で水蒸気を電気分解します。①②の方式より低電圧で運転でき、最も電力効率に優れています。しかしその反面、高温作動のため起動に時間がかかり、装置材料の耐久性や水蒸気のシール性が課題となります〈図5-3-2〉。

　高温水蒸気電解では一般に電解質に固体酸化物セラミックを用いるため**固体酸化物形水電解**（**SOEC**：Solid Oxide Electrolysis Cell）とも呼ばれ、その名のとおり構造が固体酸化物形燃料電池〈➡p118〉に類似しています。日本ではまだ実証試験の段階ですが、ドイツではすでに市場投入されている例があります。

●水素のカラー

　水素は、製造工程でのCO_2の発生や処理の違いを色で表します。再生可能エネルギーの電気で水電解を行えば、CO_2を一切出さない**グリーン水素**になります。炭化水素の改質ではCO_2が発生するので**グレー水素**、しかしそのCO_2を空気中に放出せず回収・処理すると**ブルー水素**と呼ばれます。

図5-3-1　固体高分子形水電解

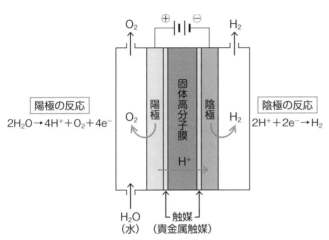

厚さ100μm（マイクロメートル）ほどの薄い固体高分子膜（イオン交換膜）を電解質とし、それを電極ではさむ構造をしている。固体高分子膜はH^+（水素イオン＝陽子）のみを通す。電極間の距離が短いので、同じ電圧でも大きな電流を流せるため、アルカリ水電解より電力効率がよい。酸素が発生する陽極の近くは酸性環境になり、触媒に卑金属を使うと腐食しやすいので、高価な貴金属が用いられる。

図5-3-2　高温水蒸気電解

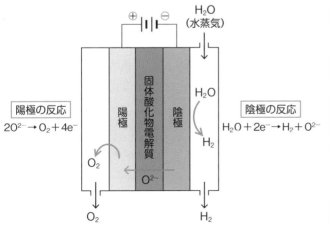

固体酸化物（セラミック）の電解質はガス（水蒸気）を遮断し、O^{2-}（酸化物イオン）のみを通す。陰極で生成したO^{2-}が電解質を通って陽極に運ばれ、ここで電子を失って酸素（ガス）になる。高温水蒸気電解は固体酸化物形水電解とも呼ばれ、固体酸化物形燃料電池（SOFC：Solid Oxide Fuel Cell）の逆作動といえる。高価な貴金属触媒は不要で、高純度の水素が得られる。

水素の製造④
バイオマスから水素をつくる

バイオマスとは本来「生物体の総量」を指す言葉ですが、いまは再生可能なエネルギー資源の1つとしての生物体を指し、植物体のほか、農林水産系の廃棄物、家庭ゴミ、下水汚泥などが含まれます。バイオマスから水素を生産する方法には、大きく分けて微生物を利用する生物化学的ガス化と、高温でガス化する熱化学的ガス化の2つがあります。これまで数百種のガス化法が研究され、一部が実用化されています。なお、ここでいう微生物とは細菌やカビ、酵母、藻類などです。

●微生物による発酵を利用する

微生物の発酵を利用して水素をつくることができます。**発酵**とは、微生物が生命活動のエネルギーを獲得するために行う有機物の分解反応（**代謝**）であり、お酒や味噌、醤油、チーズなどはすべて発酵食品です。同じく生物の代謝活動である呼吸との違いは、呼吸は酸素がある環境で有機物が完全に酸化されて水と二酸化炭素になるのに対して、発酵は無酸素の条件下で起こり、まだエネルギーを取り出せる有機酸などが残って、さまざまなガスが発生します。ガスの種類は微生物の種類や栄養源、環境条件によって変わります。

家畜の糞尿の発酵で発生したメタンガスは、古くから日本を含め世界中で熱源用に燃やされてきました。現在では下水汚泥や生ゴミなどを燃料とした小規模な発酵プラント〈図5-4-1〉も、各地で稼働しています。このメタンから水蒸気改質〈➡p150〉で水素が得られますが、直接水素が発生する発酵反応も多々あり、たとえばグルコース（ブドウ糖）の発酵では、酢酸や酪酸が生じる反応で水素が発生します。ただし、同じグルコースの発酵でも、お酒を製造するときのアルコール（エタノール）発酵や、ヨーグルトやチーズを製造するときの乳酸発酵では水素は生じません〈図5-4-2〉。

●光合成微生物による水素生産

光合成を利用して水素をつくる方法もあります。周知のとおり、**光合成**は

緑色植物が二酸化炭素と水を原料に、光のエネルギーを用いて有機物（ブドウ糖）と酸素を生産する反応です。しかし、葉緑体を持たない微生物、たとえば緑色硫黄細菌や紅色硫黄細菌などの**光合成細菌**や、ユレモ、ネンジュモといった**シアノバクテリア**（藍藻）、クロレラ、クラミドモナスなどの緑藻は、光合成プロセスの一環として水素をつくります。こうした微生物は葉緑体を

図5-4-1　メタン発酵から水素を生産

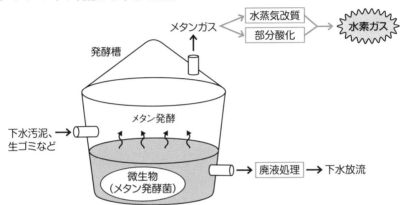

含水量の多いバイオマスが発酵してメタンガスが発生する現象は自然界でもよく見られる。発酵には時間がかかり、通常2週間から1カ月を要する。しかし、バイオマスをいったんガス化すれば、たとえばメタンなら水蒸気改質したり部分酸化したりすることで容易に水素が得られる。

図5-4-2　グルコース（ブドウ糖）の発酵の化学反応式

■水素が発生する発酵例
①酢酸が生成する発酵
$$C_6H_{12}O_6 + 2H_2O → 2CH_3COOH + 2CO_2 + 4H_2$$
　$C_6H_{12}O_6$はブドウ糖、CH_3COOH [$C_2H_4O_2$] は酢酸。酢酸はお酢の主成分。ブドウ糖1分子が水2分子で酸化され、酢酸2分子、二酸化炭素2分子、水素4分子が生じる。
②酪酸の生成
$$C_6H_{12}O_6 → CH_3CH_2CH_2COOH + 2CO_2 + 2H_2$$
　$CH_3CH_2CH_2COOH$ [$C_4H_8O_2$] は酪酸。酪酸は合成香料などの原料。ブドウ糖1分子から酪酸1分子、二酸化炭素2分子、水素2分子が生じる。
■水素が発生しない発酵例
❶アルコール（エタノール）発酵
$$C_6H_{12}O_6 → 2CH_3CH_2OH + 2CO_2$$　CH_3CH_2OH [C_2H_6O] はエタノール。
❷乳酸発酵
$$C_6H_{12}O_6 → 2CH_3CH(OH)COOH$$　$CH_3CH(OH)COOH$ [$C_3H_6O_3$]は乳酸。

持たないとはいえ、葉緑素などの光合成色素を持ち、これを触媒として用いて光合成を行います。これらの光合成微生物を水槽で大量に培養して水素を生産する研究も進んでいます。ただし、光合成を利用した水素生産は、原則的にバイオマスではなく光をエネルギー源とします。

●固形バイオマスを蒸し焼きにして水素をつくる

　木片や草木など、水分量が少ない固形バイオマスから水素をつくるには、石炭と同じように無酸素状態のガス化炉で高温に加熱しガス化する〈→p150〉のが一般的です。ガス化炉で1,000℃前後にまで加熱すると、バイオマスの有機物が熱分解し、水素、メタン、一酸化炭素、二酸化炭素などを含んだガスが発生しますので、水素を分離回収するとともに、メタンや一酸化炭素からも水素を再生産します。ガス化温度は、触媒を用いることによって下げることができます。ガス化炉にも、加熱方式や炉型、反応温度、圧力、触媒などさまざまに組み合わせた非常に多くの方式があり、図5-4-3にパドル式ガス化炉のしくみを簡単に示しました。

●超臨界水を用いたガス化

　バイオマスを超臨界水を用いてガス化する方法の研究開発も進められています。**超臨界水**とは、水の臨界温度374℃、臨界圧力218気圧以上の高温・高圧状態の水をいいます〈図5-4-4〉。臨界点を超えると、液体の水とも気体の水蒸気ともいえない状態になり、密度や粘性、拡散係数、熱伝導率などの物性が液体と気体の中間的な値を示すようになります。しいていえば、超臨界水は「密度の高い水蒸気」といったイメージです。

　しかし、超臨界水は通常の水には溶けない有機物を溶かすことができるという大きな特質があります。高温・高圧の超臨界水がバイオマスの有機物の結晶内に入り込み、結晶内の水素結合を弱めることで有機物を分解すると考えられています。熱分解反応と加水分解反応の両方でバイオマスが分解されるため、通常のガス化よりはるかに低い温度で水素、メタン、二酸化炭素を主成分とするガスが得られます。含水量の多いバイオマスを微生物による発酵を利用してガス化する場合、最低でも2週間から1カ月ほどの時間が必要となりますが、超臨界水によるガス化では迅速に処理できます。

バイオマスは化石燃料と比較してエネルギー密度が低く、また分散して存在するため大規模プラントに集めてガス化するのにはコスト高になるという難点があります。しかし、バイオマスが再生可能エネルギーであり、かつ多くは未利用資源で、廃棄処理するのにも費用がかかることを考えれば、水素製造の原料として活用することには大きな意味があります。

図5-4-3　パドル式ガス化炉のしくみ

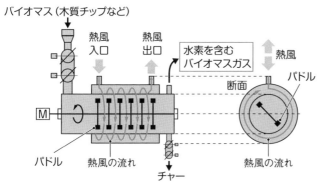

「農林業のニーズに応える小型・低コストバイオマスガス化発電システムの開発」
研究開発成果等報告書の図を参考に作成

バーナーで加熱した高温の熱風を炉内に送り込み、木質系を主とするバイオマスを600〜650℃で乾燥およびガス化する。バイオマスはパドルによって拡散されることで、ガス化が効率的に進む。発生したバイオガスには水素などの可燃ガスが含まれ、残った固形成分のチャー（すす）はバーナーの燃料として使用する。

図5-4-4　水の相図と超臨界水

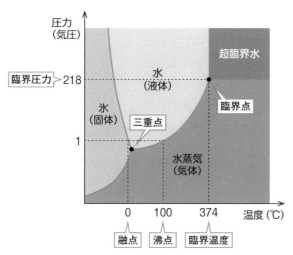

グラフは水の状態と温度・圧力の関係を示しており、水の相図（状態図）という。三重点は固体・液体・気体の3つの状態が共存する点である。気体と液体を分ける曲線を蒸気圧線といい、温度374℃、圧力218気圧で終わっている。この終点を臨界点といい、臨界点を超える高温・高圧の状態を超臨界という。超臨界の水は液体と気体の両方の特徴を併せ持つ中間的な状態であるが、第4の相ではなく、液体および気体と線で区切られていないことからわかるように、液体および気体から相変化なく連続的に変化する。超臨界水は非常に大きな分解力を持ち、圧力を変えることで物質を溶解する力を制御できる。

　水から直接水素を製造する方法に水電解があります〈➡p152〉が、電気を使わずに、熱で水を分解して水素をつくることもできます。ただし、水を熱分解するにはかなりの高温が必要であり、その熱源として高温ガス炉と呼ばれる次世代型原子炉が注目されています。

●高温ガス炉で水素製造

　高温ガス炉とは、その名のとおり高温のガスから熱を取り出す原子炉です。日本で現在稼働している原子力発電所の原子炉は、軽水（ふつうの水）を冷却材に用いた軽水炉ですが、原子炉から取り出す水蒸気は300℃前後の温度です。それに対して、高温ガス炉はヘリウムガスを冷却材に用い、900〜1,000℃のガス温度を得ることができます〈図5-5-1〉。

　高温ガス炉の研究開発は1950年代に欧米で始まり、日本でも日本原子力研究開発機構（以下、JAEA）が開発を進めてきました。高温のガスは発電や水素製造のほか、海水の淡水化などの熱源として幅広い用途があります。JAEAの高温ガス炉実験炉である**高温工学試験研究炉**（HTTR：High Temperature engineering Test Reactor）は、2010年に当時世界最高の950℃のガス温度で50日間の連続運転に成功しました。

　ところが、2011年の福島第一原子力発電所事故の影響で、日本全国の商用原発および実験炉がすべて稼働停止に追い込まれました。しかしその後、国の新しい安全基準審査に合格し、HTTRは2021年に10年ぶりに再稼働しました。世界でも、高温ガス炉による水素製造の研究開発が活発です。

●3つの化学反応を利用するISプロセス

　もっとも、液体の水を直接熱分解するには4,000℃の高温が必要であり、高温ガス炉で取り出せる温度が1,000℃までなのでまったく足りません。そこで用いられるのが水を直接分解するのではなく、複数の化学反応を組み合わせて全体として水素と酸素に熱分解する方法です。これを**熱化学分解**とい

い、有力な方法の1つに**ISプロセス**があります〈図5-5-2〉。ISとはヨウ素（I：Iodine）と硫黄（S：Sulfur）の元素記号です。ISプロセスは3つの化学反応プロセスからなり、1,000℃以下の温度で水を分解できます。JAEAは2026～27年にHTTRとISプロセスを利用した水素製造プラントをつなぎ、ガスタービン発電とともに水素製造を行う予定です。

図5-5-1　高温ガス炉による発電と水素製造

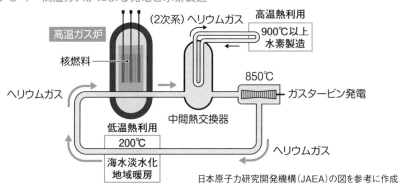

日本原子力研究開発機構（JAEA）の図を参考に作成

高温ガス炉はヘリウムガスを冷却材にした次世代型原発で、高温の熱を取り出せるため熱利用効率が高くなり、発電や水素製造のほか多方面の熱源として使える。ヘリウムは不活性ガスであり、高温でも構造材や核燃料などと化学反応を起こさない。核燃料の被覆管は特殊セラミック製で1,600℃までの耐熱性を持ち、核分裂生成物の閉じ込め能力が高いなど、高温ガス炉の安全性は極めて高く、福島第一原子力発電所事故で起きた炉心溶融や水素爆発は原理的に発生しない。ただし、発電効率は既存の軽水炉に劣る。

図5-5-2　ISプロセスによる水素製造

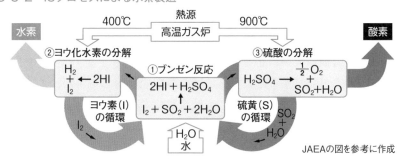

JAEAの図を参考に作成

熱化学反応による水の分解にもいくつかの方法があり、そのうちJAEAが研究開発を続けてきたISプロセスは、①ヨウ素・酸化硫黄・水を反応させてヨウ化水素（HI）と硫酸（H_2SO_4）を合成、そのうち②HIを熱分解して水素を、③H_2SO_4を熱分解して酸素を生成するという化学反応プロセスからなり、全体として水の熱分解（$2H_2O \rightarrow 2H_2 + O_2$）になる。②と③のヨウ素と二酸化硫黄は回収して再利用する。なお、①の反応をブンゼン反応といい、「ブンゼン」は発見者であるドイツの化学者ロベルト・ブンゼン（1811-99）にちなむ。

5-6 水素の製造⑥ 光触媒と人工光合成

水を分解して直接水素をつくるには、電気または熱エネルギーのほかに、光エネルギーを利用することもできます。光による水分解の現象を発見したのは日本人であり、現在もこの研究では日本が世界のトップを走っています。

●光触媒による水分解

当時大学院生だった藤嶋昭（1942-）は指導教官・本多健一（1925-2011）のもと、電解質水溶液に酸化チタン（二酸化チタンともいう：TiO_2）と白金（Pt）を入れて電源につなぎ、TiO_2に紫外線を照射したところ、TiO_2（陽極）表面から酸素、Pt（陰極）から水素が発生することを発見し、1972年に発表しました。この実験の重要な点は、水を電気分解するには理論上1.23Vの電圧をかける必要があるところ、0.5Vのみを印加していたことでした。つまり、足りない電気エネルギーの分、光エネルギーが水を分解したのです。この現象を二人の名を取って、**本多・藤嶋効果**といいます。その後、電圧をかけなくても、TiO_2の粉末表面にPtを付加して水に沈め、紫外線を照射するだけで水を分解できることも見出されました。この場合のTiO_2を**光触媒**、Ptを**助触媒**（触媒のはたらきを活性化させる物質）といいます。

TiO_2は半導体であり、紫外線が当たると電子が励起し、水を還元して水素を発生させます。そして、電子が抜けた穴（ホール、正孔）は正電荷を持つ粒子のように振る舞い、水を酸化して酸素を発生させます〈図5-6-1〉。光で半導体の電子が励起するところまでは太陽電池と同じですが、太陽電池では電子や正孔の移動で電流が流れ、光触媒は化学反応を導きます。なお、現在は半導体以外の光触媒材料や、シート状の光触媒の開発も進んでいます。

光による水分解は手間がかからない反面、太陽光はエネルギー密度が低く、水素への変換効率も現時点では7%程度にとどまっています。これを実用化の目安である10%にまで高めるため、紫外線のみならず可視光領域の光で水を分解できる、より高効率な光触媒材料の探索が続いています。

一方、光触媒を使用した人工光合成研究も進められています。

160

●人工光合成で有用物質をつくる

人工光合成とは、植物の光合成にならい、水と二酸化炭素から"有用物質"をつくる人工の化学プロセスです。産官学連携で進められている人工光合成プロジェクトでは、光触媒を使用してまず水から水素をつくり、その水素と二酸化炭素を原料にしてオレフィンを生産します〈図5-6-2〉。

図5-6-1　光触媒（半導体）による水素生産のしくみ

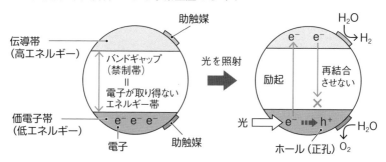

価電子とは原子を結合させている電子をいい、安定した低エネルギー状態（価電子帯）にある。価電子がバンドギャップ（禁制帯）以上の光エネルギーを吸収すると、自由に移動できる高エネルギー状態（伝導帯）になり、これを励起という。励起した電子は水を還元して水素を生成し、電子が抜けた価電子帯の穴（ホール、正孔）は水を酸化して酸素を発生する。このとき、電子とホールが再結合してしまうと化学反応が起こらなくなるので、再結合を阻止する必要がある。なお、光のエネルギーは波長が短いほど大きく、赤外線→可視光→紫外線の順にエネルギーが大きくなるので、バンドギャップが大きい光触媒では紫外線でないと電子が励起しない。

図5-6-2　人工光合成によるオレフィンの合成

「光合成」といっても植物のようにブドウ糖などの栄養物をつくるわけではなく、人工光合成プロジェクトではオレフィンなどの基幹化学品を製造する。オレフィンとはエチレンやプロピレンなどの不飽和炭化水素（一般式 C_nH_{2n}）の総称で、各種プラスチックの原料等に使用される。人工光合成では、①光触媒を使用して太陽光で水を水素と酸素に分解、②分離膜で水素と酸素を分離、③合成触媒を使用して水素と二酸化炭素からオレフィンを生産する。ちなみに、トヨタは光触媒を電極にした人工光合成でギ酸（HCOOH）を製造する研究を進めており、ギ酸を水素キャリアとして利用する計画である。

5 -7 水素の貯蔵と輸送① 高圧ガスか液体か

　水素は体積エネルギー密度が小さいので、できるだけ高密度で貯蔵しなければ、輸送するにも十分な量を運べずコスト的に合いません。現在、水素の貯蔵はガスを高圧でタンク（ボンベ、シリンダー）に充填する方法が主流ですが、液化する方法もロケット燃料〈➡p92〉で実用化されて以来一般用途にも普及しています。ただし、各々一長一短があります。

●高圧ガスタンクでの貯蔵

　水素を高圧ガスタンクに貯蔵する場合、一般に圧縮機で20〜45MPa（メガパスカル）に圧縮します。大気圧（1気圧）は約0.1MPaなので、その200〜450倍の密度で水素ガスを貯蔵できます。ただし、トヨタの燃料電池車「MIRAI」は走行距離を伸ばすために、70MPaの水素タンク〈図5-7-1〉を3本搭載しています〈➡p121〉。通常、水素はガスの状態で燃料とするので、減圧・加圧するだけで使えるのがガス貯蔵の利点です。その反面、高圧で貯蔵するにはタンクにかなりの耐圧強度を持たせる必要があり、タンクは肉厚で重くなるので大型化は難しく、ガスの圧縮費用もかさみます〈図5-7-2〉。

　高圧水素ガスの貯蔵において最も留意すべきは、水素原子が鉄鋼などのタンク材料内部に侵入して脆くする現象で、これを**水素脆化**といいます。金属結晶の原子間距離に比べて水素原子がはるかに小さいことから生じ、水素ガスが高圧になるほど生じやすくなります。水素脆化を防ぐために特殊なステンレス鋼やアルミ合金、高分子複合材料などが使用されています。

　さらに、水素ガスを急速に圧縮充填（断熱圧縮）すると、原理的に温度が上昇しガス圧が高くなる問題もあります。充填直後のガス圧が高いと予定の水素量を充填できなくなるので、これを回避するために、水素ガスをあらかじめ−40〜−30℃に冷却する（**プレクール**という）方法が取られます。

●液化水素の利点と欠点

　水素を液化する利点は、高圧ガスよりもさらに高密度で水素を貯蔵できる

ことです。1気圧の水素ガスを液化すると、体積が800分の1になります。また、水素の液化は純度が高くなければできないので、液化水素をガスにもどしたときの純度は高く、そのまま燃料電池〈→p108〉の燃料に使用できます。

　一方、水素を液体で貯蔵する最大の欠点は、-253℃という極低温に冷却しないと液化しないことです。冷却には大量のエネルギー投入が必要で、水素が有するエネルギーのおよそ30%に相当する量が液化に消費されます。水

図5-7-1　高圧水素ガスタンクの構造例

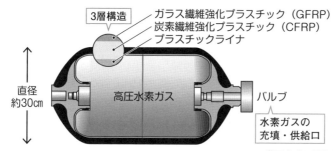

豊田合成の図を参考に作成

トヨタ「MIRAI」に搭載されている水素タンク。搭載されているタンクは3本あり、長さは異なるが、直径はどれも約30cm。3層構造になっており、内側のプラスチックライナが水素の侵入を防ぎつつ、水素ガスを閉じ込める。その上にCFRPを巻いて高い耐圧強度を確保している。外側のGFRPは衝撃からCFRPを保護する。

図5-7-2　高圧水素ガスの輸送

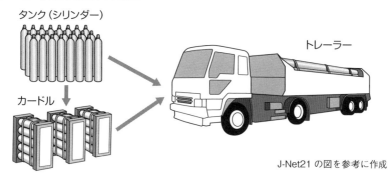

J-Net21の図を参考に作成

通常、水素ガスを20～45MPaに圧縮しタンク（ボンベ、シリンダー）に充填する。大量輸送する場合は、タンクを10～30本束ねたカードルをいくつも積み込みトレーラーで輸送する。目的地で水素ガスをタンクやカードルごと納めるか、貯槽に移される。高圧水素ガスタンクは強度を確保するために重量が大きく、また安全上の面からも大型化は難しい。ただし、長尺の細長い水素タンクには6m以上のものもある。

素の液化方法には、液体窒素（沸点が−269℃）で−190℃程度まで予冷し、その後断熱膨張を利用してさらに温度を下げるやり方などがあります。

　液化水素はタンクを大型化して大量輸送するのに適しており、2021年末から2022年にかけて、世界初の液化水素運搬船"すいそ ふろんてぃあ"〈図5-7-3〉が豪州で製造・液化された水素を初めて日本に運んできました。

　しかし、液化した水素も時間の経過とともに徐々に再び気化します。この気化したガスを**ボイルオフガス**（**BOG**）といいます。気化するのは、液化水素の温度と室温との差が激しいために、外部熱の侵入を完全遮断できないからです。液化水素タンクは熱の侵入を低減させるために、魔法瓶のように真空層をはさんだ二重殻構造にするなど〈図5-7-3〉、さまざまに工夫されています。

　また、水素分子にオルト水素とパラ水素〈➡p40〉が存在することも気化の原因となっています。というのは、常温の水素ガスを急速に冷却して液化すると、オルト水素がパラ水素に転換し、そのとき放熱するからです〈図5-7-4〉。これを避けるためには、液化過程において転換触媒を用いてオルト水素からパラ水素への転換を進め、パラ水素濃度を高める必要があります。

●水素ガスのパイプライン輸送

　貯蔵はさておき、水素ガスを輸送する方法にはパイプラインという選択肢もあります。欧米では80年以上の歴史があり、すでに総延長が数千kmもの水素専用パイプラインが敷設され、通常5～7MPaの圧力で輸送されています。パイプラインで送る水素ガスの主な用途は化学製品の原料用ですが、水素ステーション向けに90MPaに高圧縮して輸送している例もあります。

　日本でもこれまで、水素製造工場の同一敷地内や近隣の工場間など、短距離の水素パイプラインが敷設され、運用されてきました。しかし近年は、全国各地でパイプラインで住宅に水素ガスを送り、エネファームで使用する実証実験が行われており、2022年には徳島市で水素製造工場からパイプラインでガスを供給する水素ステーションの本格運用が始まりました。

　また、東京オリンピック・パラリンピック選手村跡地の晴海地区（HARUMI FLAG）では、2023年後半にも水素ステーションからマンション全戸にパイプラインで水素ガスを供給する予定です。なお、HARUMI FLAGでは、常

温でガス圧を1MPa（10気圧）以下の低圧にすれば水素脆化が起こりにくいことが確認されたとし、従来型の天然ガス用管を使用しています。

　ほかにもNTTが、既存の通信ケーブル用配管のうち現在使用していない配管内に水素導管を通して、いわゆる二重配管方式で広範囲に水素ガスをパイプライン輸送する実証研究を行っています。

図5-7-3　液化水素輸送船 "すいそ ふろんてぃあ" と液化水素タンク

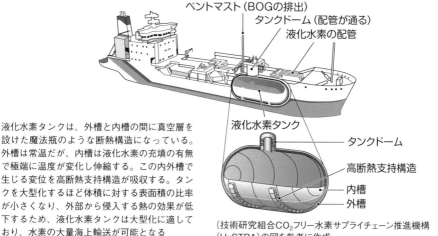

液化水素タンクは、外槽と内槽の間に真空層を設けた魔法瓶のような断熱構造になっている。外槽は常温だが、内槽は液化水素の充填の有無で極端に温度が変化し伸縮する。この内外槽で生じる変位を高断熱支持構造が吸収する。タンクを大型化するほど体積に対する表面積の比率が小さくなり、外部から侵入する熱の効果が低下するため、液化水素タンクは大型化に適しており、水素の大量海上輸送が可能となる

（技術研究組合CO₂フリー水素サプライチェーン推進機構（HySTRA）の図を参考に作成）

川崎重工業（株）が建造した世界初の液化水素運搬船 "すいそ ふろんてぃあ" が2021年12月に日本を出航し、豪州で褐炭から製造した液化水素を積んで、2022年2月に日本に帰港した。輸送中のBOGはベントマストから大気中に排出されるが、これを有効利用することが課題である。

図5-7-4　水素分子のオルト・パラ転換による放熱

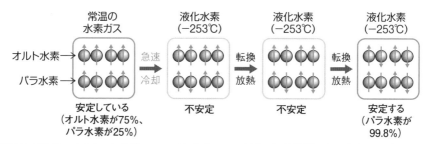

常温の水素ガスではオルト水素75％、パラ水素25％の割合で平衡状態になり安定する（ノルマル水素という）が、－253℃ではエネルギーが低いパラ水素が99.8％を占めた状態で安定する。したがって、常温の水素ガスを急速冷却して液化すると、常温で安定していた水素が不安定になり、4分の3を占めていたオルト水素のほぼすべてがゆっくりとパラ水素に転換し、このとき放熱する。

5-8 水素の貯蔵と輸送② 水素吸蔵合金

　高圧縮でも液化でもなく、水素を安価で効率よく貯蔵するアイデアの1つが、水素脆化〈➡p162〉からヒントを得て、1960年代の米国で生まれました。金属内にわざと水素を侵入させ、水素化物にすることによって貯蔵する**水素吸蔵合金**です。水素吸蔵合金とは、水素の吸蔵と放出が適度な温度・圧力下で可逆的に進む合金の総称で、**MH**（Metal Hydride：金属水素化物）とも呼ばれ、すでにニッケル水素電池の負極〈➡p104〉などで実用化されています。Hydride（**ハイドライド**）とは「水素化物」という意味です。

●液化水素よりも多量の水素を吸蔵

　金属には水素と結合しやすいもの（Aとする）と結合しにくいもの（Bとする）の2種類があり、Aは結合した水素を放出しにくく、Bは結合した水素を放出しやすいという性質があります。これら両極端の金属を合金化し、両方の中間的な性質を持つように調整したものが水素吸蔵合金です。AB5型、AB2型、AB型、A2B型などの原子組成を持つものが多く、主なものを表5-8-1にまとめました。

　水素吸蔵合金は自己体積の1,000倍もの水素（常温・常圧の水素ガス換算）を貯えることができ、ものによっては液化水素の2倍以上の水素密度になります。なぜこのようなことが可能なのかといえば、液化水素より合金に吸蔵された状態のほうが、水素の原子間距離が短くなるからです。

●水素の固溶と化合

　水素が合金に吸蔵されるとき、一般に固溶から化合へと進みます。**固溶**とは、「固体が溶ける」のではなく「固体に溶ける」という意味で、合金内に侵入した水素原子が特定の金属原子と化合せずに、金属結晶中を自由に移動し拡散する状態です。そして、吸蔵が進行し合金内の水素原子が増えると、金属原子と水素原子が化合した状態に変化します。しかし、すべての水素原子が金属原子と化合してしまうと水素を放出しにくくなるので、水素吸蔵合

金は固溶状態あるいは固溶と化合の共存状態を利用します〈図5-8-1〉。

　水素吸蔵合金による水素の吸蔵・放出は次の化学式で表すことができます。

$$M + H \rightleftarrows MH + Q（反応熱）\quad \rightarrow は吸蔵反応、\leftarrow は放出反応$$

　一般に、水素吸蔵合金は加圧または冷却することで水素を吸蔵し（発熱反応）、減圧または加熱することで水素を放出します（吸熱反応）。

表5-8-1　主な水素吸蔵合金の特徴

タイプ	合金	水素吸蔵量 (mass%)	水素化物生成熱 (kJ/mol H_2)	特徴
AB5	$LaNi_5$	1.49	30.8	水素吸蔵量が比較的多い。$LaNi_5$はニッケル水素電池の負極に使用されている
	$CaNi_5$	1.87	31.9	
AB2	$TiCr_{1.8}$	2.43	20.2	遷移金属元素が使われる。水素吸蔵量がAB5より多く、研究開発が盛ん
	$ZrMn_2$	1.77	53.2	
AB	TiFe	1.86	28.1	レアアース（希土類元素）を使用しないので安価に製造できる
	ZrNi	1.85	76.9	
A2B	Mg_2Ni	3.6	64.5	主にマグネシウムを使う。水素吸蔵量は多いが、水素を放出させるときの温度が高い

日本製鉄の資料をもとに作成

「mass%」は「質量パーセント濃度」、「水素化物生成熱」は水素分子1molを吸蔵するときの発熱量。表中の2元系合金をベースにしてさまざまな元素を添加して性能向上が図られる。水素吸蔵合金に要求される性質は、①水素の吸蔵・放出量が多い、②繰り返し使用しても劣化しにくい、③常温・常圧に近い条件で作動する、④吸蔵・放出の反応速度が速い、⑤安価などである。水素吸蔵合金に水素を貯蔵するメリットは、液体水素以上の密度で、常温・常圧で水素を貯蔵でき、ガス漏れがなく安全であることであり、デメリットは合金が重いので大量輸送に向かない、吸蔵・放出を繰り返すと劣化（水素脆化）して吸蔵率が下がることなどである。

図5-8-1　水素吸蔵合金における水素の吸蔵・放出の概念図

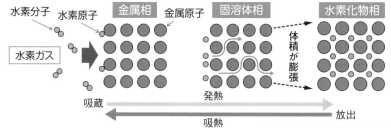

産業総合研究所の図を参考に作成

水素吸蔵合金は水素と接する面積が大きくなるように粉末状または多孔質固体状で使用する。水素を吸蔵するとき、水素ガス（分子）が合金内に侵入するのではなく、①合金表面で水素原子（または水素イオン）に解離する→②水素原子が合金内部に固溶状態で拡散する→③水素化率が上昇して固溶状態が限界になると金属原子と化合する（固溶と化合が共存）のように進行する。水素化率がさらに進むと、最終的に水素原子がすべて金属原子と化合する。水素を放出するときは逆の過程をたどる。なお、水素を吸蔵すると合金は最大で20〜30%膨張する。

水素の貯蔵と輸送③
液体水素化物

　水素吸蔵合金など固体状の水素吸蔵材料の探索が進む一方で、有機ハイドライドやアンモニアなどの液体状の水素化物で水素を運ぶ研究も活発です。

●国際サプライチェーン構築が進む有機ハイドライド

　有機ハイドライドとは、その名のとおり有機物の水素化物です。代表的な物質に**メチルシクロヘキサン**（**MCH**：Methylcyclohexane）があり、トルエン（C_7H_8）を水素と反応させてつくります〈図5-9-1〉。このとき、水素の密度は常温・常圧の水素ガスの500倍になります。トルエンもMCHも常温・常圧で液体であり、石油から製造される汎用化学製品なのでガソリンと同様に扱え、既存のインフラが使用できます。ただし、MCHを脱水素化して水素とトルエンにするには350～400℃に加熱する必要があり、MCHが有する水素エネルギーの30％にあたる熱が使われるため、その低減が課題です。

　MCHによる国際的な水素サプライチェーン構築の実証実験が、2019～2020年に日本とブルネイの間で開始されました。ブルネイでトルエンを水素化してMCHにし、日本でMCHを脱水素化して水素を取り出します〈図5-9-1〉。この水素は不純物を含むため、火力発電の燃料として燃やされます。

●注目を浴びるアンモニアとギ酸

　水素キャリアとして、近年とくに有望視されているのはアンモニア（NH_3）です。アンモニアは窒素と水素から合成され、常温・常圧で気体ですが、これを液化（－33℃）して運び、再び窒素と水素に分解します〈図5-9-2〉。液化水素（－253℃）やLNG（－162℃）よりも容易に液化でき、貯蔵や輸送に有利です。そもそもアンモニアは肥料や化学製品の原料として世界中で大量に生産・流通してきた長い歴史があり、インフラも充実しています。

　また、アンモニア自体を燃料にする試みも進んでいます。アンモニアは燃やしてもCO_2が出ず、懸念されるNO_Xの発生量も低減できるようになったことから、アンモニアを石炭や天然ガスと混焼させて発電する事業が商用化

目前です。さらに、アンモニアを固体酸化物形燃料電池〈➡p118〉に投入し、運転温度域（約1,000℃）で水素を脱離させて発電することも実証済みです。

一方、ギ酸（HCOOH）も注目されています。水素と二酸化炭素からギ酸を合成し、常温・常圧の液体で運搬、必要に応じて水素と二酸化炭素に分解します〈図5-9-3〉。エネルギー効率がよく水素化・脱水素化ができます。

図5-9-1　日本－ブルネイ間の水素サプライチェーン

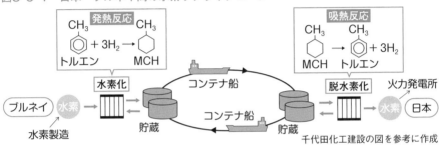

千代田化工建設の図を参考に作成

2019年11月ブルネイで水素化プラントが、翌年4月日本（川崎）で脱水素化プラントが開所。ブルネイでLNGから製造した水素でトルエンをMCHに変換し、日本でMCHをトルエンと水素に分解する。水素は不純物を含むので、燃料電池に使うには精製する必要がある。ベンゼン環は化学反応で分解されにくく、回収したトルエンはブルネイに返送して再利用する。MCHもトルエンも通常の液体輸送用タンクに入れ、一般のコンテナ船で輸送する。

図5-9-2　アンモニアの合成と分解

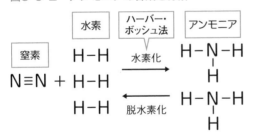

ハーバー・ボッシュ法とは、触媒を用いて窒素と水素から直接アンモニアを合成する工業的製法。アンモニアは強アルカリ性の劇物だが、1分子（NH_3）に3水素原子を含む優秀な水素キャリアである。常圧下で−33℃、もしくは常温下で8.5気圧という温和な条件で容易に液化し、液化アンモニアの体積水素密度は、液化水素の1.5〜1.7倍、MCHの2.4〜2.7倍になる。

図5-9-3　ギ酸の合成と分解

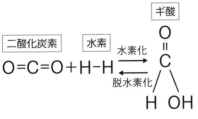

ギ酸（HCOOH）は蟻から発見された、炭素数が1の分子量最小のカルボン酸。二酸化炭素の水素化反応で生成し、常温・常圧で液体である。重量水素密度は4.3wt%、体積水素密度は53kg/m³で、液化アンモニア（17.8wt%、121kg/m³）に劣るが、MCH（6.2wt%、47.3kg/m³）とほぼ同等である。ギ酸は触媒を用いて小さな投入エネルギーで簡単に分解でき、かつ密閉容器内で反応させれば水素ガスの圧力が100MPa（1,000気圧）以上に上昇するので、圧縮機が不要である。同時に発生するCO_2は回収して再利用される。

5・水素の製造と貯蔵・輸送

169

水素の貯蔵と輸送④
水素ステーションの整備

　水素の製造→貯蔵→輸送の最後にくるのは「供給」です。燃料電池車やエネファーム向けなど、一般消費者に水素エネルギーを供給する役目を担っているのが**水素ステーション**です。水素ステーションは2023年5月現在、全国でまだ167カ所しか設置されていません（移動型を除く）。これを2030年に1,000基まで拡大するのが政府の目標です。

●水素ステーションの種類
　水素ステーションはオフサイト型とオンサイト型に大別されます。
①**オフサイト型**：工場などで製造された水素をステーションに輸送し、貯蔵する方式です。オフサイト型には、圧縮水素を貯蔵するタイプと液化水素を貯蔵するタイプがあります。また、オフサイト型の変型として、水素供給に必要なすべての機材をトラックに積んで、移動して水素ガスを提供する**移動型**や、機材をトラックではなくコンテナ内にセットし、現地に運んで設置する**パッケージ型**（簡易型）のステーションもあります。
②**オンサイト型**：ステーション内で水素を製造して貯蔵し、供給するタイプです。オンサイトでの水素の製造方法は千差万別で、本章で紹介した炭化水素の改質や水電解、バイオマス利用などから、地域の特性や運営事業者の方針等によって選択されています。オンサイト型は水素の製造設備や原材料の貯蔵施設も必要になるため大掛かりになります。
　オフサイト型でもオンサイト型でも、入手した水素を燃料電池車に供給する手順は図5-10-1に示したように共通です。

●ジュール・トムソン効果による温度上昇
　蓄圧器内の80MPa以上に圧縮された水素ガスをディスペンサーで燃料電池車のタンクに充填するとき、断熱膨張でありながら、温度が上昇する現象が起こります。これは高圧ガスがホースやノズルなどの細い空間を通って低圧の車載タンク内に拡散するときに発生し、**ジュール・トムソン効果**といい

ます。この温度上昇を考慮して、充填前に水素ガスをプレクールする必要があります。ジュール・トムソン効果では、ガスの種類と温度によって昇温するか、降温するかが決まり、常温付近で温度が上昇するのは水素やヘリウムのみで、酸素や窒素、二酸化炭素などは温度が下降します。

　最後に、本章で紹介した水素キャリアの物性を表5-10-1にまとめました。

図5-10-1　水素ステーションでの水素充填

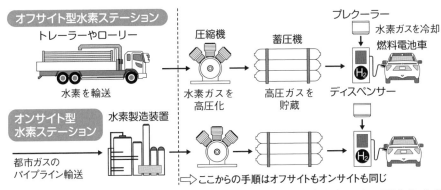

日本水素ステーションネットワーク合同会社（JHyM）の図を参考に作成

オフサイト型水素ステーションでは工場等で製造された水素が運び込まれ、オンサイト型水素ステーションでは敷地内で水素が製造される。入手した水素ガスは圧縮機で高圧に圧縮され、蓄圧機に貯められる。燃料電池車の水素タンク（70MPa）にガスを詰めるため、蓄圧機にはそれよりも高圧の80MPa以上で貯蔵され、充填前に−40℃程度にプレクールされてから、ディスペンサーで燃料電池車に供給される。液化水素を貯蔵する場合は、気化器でガス化し供給される。

表5-10-1　水素キャリアの物性

水素キャリア	沸点	状態	重量水素密度	体積水素密度	圧縮率 （対1気圧の水素ガス）
単位	℃	ー	wt%	kg/m³	倍
高圧水素ガス（70MPa）	ー	気体	100	39.6	700
液化水素	−252.9	液体	100	70.8	800
水素吸蔵合金（LaNi₅）	ー	固体	1.49	92.3	1,000
MCH（メチルシクロヘキサン）	100.9	液体	6.2	47.3	500
液化アンモニア	−33.4	液体	17.8	121	1,300
ギ酸	100.8	液体	4.3	53	600

重量水素密度は、水素キャリアが単位重量当たりどれだけの重さの水素を運ぶことができるかを表し、高圧水素ガスと液化水素を除くと液化アンモニアが非常に優秀である。一方、体積水素密度は水素キャリアが単位体積当たりどれだけの重さの水素を運ぶことができるかを表し、水素吸蔵合金、液化アンモニアが優秀である。ただし、キャリアの選択に当たっては、水素を吸蔵または放出するのにどれくらいのエネルギーが消費されるか、キャリアの製造コストやリサイクル率はどうかなど、総合的に判断することになる。

用語索引

■参考文献

- 『水素吸蔵合金のおはなし（改訂版）』大西敬三・著　日本規格協会　2003年
- 『水素　将来のエネルギーを目指して』西川正史／深田 智／渡辺幸信・共編　養賢堂 2006年
- 『水素エネルギーがわかる本　水素社会と水素ビジネス』市川 勝・著　オーム社　2007年
- 『水素エネルギー読本』水素エネルギー協会・編　オーム社　2007年
- 『トコトンやさしい水素の本（第2版）』水素エネルギー協会・編　日刊工業新聞社　2017年
- 『トコトンやさしい燃料電池の本（第2版）』森田敬愛・著　日刊工業新聞社　2018年
- 『水素エネルギーの事典』水素エネルギー協会・編　朝倉書店　2019年
- 『最新二次電池が一番わかる』白石拓・著　技術評論社　2020年
- 『ハイドロジェノミクス"水素"を使いこなすためのサイエンス』折茂慎一／福谷克之／
  藤田健一・編著　共立出版　2022年

　そのほか、数多くの学術雑誌記事、企業・研究機関の報告書、ホームページ等を参考にさせていただきました。

■著者紹介

白石 拓（しらいし・たく）

本名、佐藤拓。1959年、愛媛県生まれ。京都大学工学部卒。サイエンスライター。弘前大学ラボバス事業（文科省後援）に参加、「弘前大学教育力向上プロジェクト」講師（09～15年）。主な著書は、『ノーベル賞理論！ 図解「素粒子」入門』（2009年 宝島社刊）、『透明人間になる方法 スーパーテクノロジーに挑む』（2012年 PHP研究所刊）、『「単位」のしくみと基礎知識』（2019年 日刊工業新聞社刊）、『最新 二次電池が一番わかる』（2020年 技術評論社刊）、『きちんと知りたい！モータの原理としくみの基礎知識』（2021年 日刊工業新聞社刊）ほか多数。

● 装　　　丁　　中村友和（ROVARIS）
● 作図&DTP　　島田 稔

しくみ図解シリーズ
水素エネルギーが一番わかる

2024年2月29日　初版　第1刷発行

著　　　者　　白石 拓
発　行　者　　片岡 巖
発　行　所　　株式会社技術評論社
　　　　　　　東京都新宿区市谷左内町21-13
　　　　　　　電話
　　　　　　　03-3513-6150　販売促進部
　　　　　　　03-3267-2270　書籍編集部
印刷／製本　　株式会社加藤文明社

定価はカバーに表示してあります。

ISBN 978-4-297-13991-9 C3060

Printed in Japan

本書の内容に関するご質問は、下記の宛先まで書面にてお送りください。お電話によるご質問および本書に記載されている内容以外のご質問には、一切お答えできません。あらかじめご了承ください。

〒162-0846
新宿区市谷左内町21-13
株式会社技術評論社 書籍編集部
「しくみ図解シリーズ」係
FAX：03-3267-2271